밤은
책이다

시간과 연민, 사랑에 대하여 이동진과 함께 읽는 책들

글·사진 이동진

위즈덤하우스

닿지 못한 순간들
펼쳐보지 못한 책들
떠올리지 못한 기억들
그리고 이야기가 된 아버지

/ 프롤로그 /

 책에 관한 한, 저는 쇼핑 중독자입니다. 책을 향한 기이한 허기와 갈증으로 허겁지겁 이제껏 1만 권이 넘는 책을 닥치는 대로 사들였지만 여전히 그 버릇을 고치지 못합니다. 다른 물건들을 살 때는 우유부단해서 답답하기 이를 데 없어도, 유독 책만큼은 덥석덥석 챙긴 뒤 과감하게 카드를 긁지요(어제만 해도 하루에 열아홉 권의 책을 샀습니다). 물론 결제일인 매달 27일이 되면 긴 한숨을 쉬며 후회합니다. 하지만 그건 그날 하루뿐. 저는 도무지 교훈을 얻지 못합니다.
 책에 관한 한, 저는 허영투성이입니다. 이미 구입한 책들을 미처 다 읽지 못했는데도 계속 사고 있기 때문입니다. 책을 읽어나가는 속도보다 사들이는 속도가 훨씬 빠르다고 할까요(심지어 어떤 책은 결국 읽지 않을 것을 알면서도 삽니다). 서재를 둘러본 어떤 사람들은 놀라면서 묻습니다. "이 책들을 다 읽으신 거예요?" 그럴 때마다 저는 (이젠 제법 뻔뻔하게) 대답합니다. "그럴 리가 있겠어요. 반도 못 읽었죠." 저는 도저히 만족할 줄 모릅니다.
 책에 관한 한, 저는 고집불통입니다. 좀더 체계적이고 능률적인 독서법이 있을 텐데도, 나만의 책읽기 방식을 고수합니다. 산만한 독자인 저는 한꺼번에 10여 권의 책을 동시에 읽어나갑니다(게다가 그 책들은 대부분 분야가 다릅니다). 완독에 대한 의지도 없어서 흥미를 잃으면 서슴없이 중간에 그만두지요. 책을 구입할 때도 남들의 추천 리스트나 베스트셀러 순위 같은 것에는 거의 영향 받지 않습니다. 1만 권이 넘는 책을 사면서 오랜 시행착오를 겪는 동안, '물건'을 고르는 나만의 감식안이 생겼다고 철석같이 믿고 있기 때문입니다. 책을 서재에 꽂아둘 때도 나만의 방법을 고수합니다(그러다 내 서재에서 특정 책을 못 찾아 쩔쩔매면서 좌절하기도 합니다). 저는 도대체 요령부득입니다.

하지만 저는 변명합니다. 이게 제가 책을 사랑하는 방식입니다. 스피노자는 "모든 한정은 부정이다"라고 했지요. 사랑하기 위한 조건을 줄줄이 내걸고 나서야 사랑할 수 있다면, 그건 사랑이 아니라 생활에 가까울지도 모릅니다. 책을 정말 사랑한다면 문자의 형태로 책에 박혀 있는 지식이나 서사뿐만이 아니라, 책에 관련된 모든 것을 사랑할 수밖에 없다고 저는 믿습니다. 책에 담긴 이야기, 책에 서린 정신, 책에서 나는 냄새, 책을 어루만질 때의 감촉, 책을 파는 공간, 책을 읽는 시간 등이 모두 모이고 모여 책에 대한 사랑을 온전히 이루어낸다는 것이지요.

저는 목적지향적인 독서를 하지 않습니다. 바꿔 말하자면, 특정한 무언가를 얻어내기 위해 어떤 책을 선택해서 파고들지는 않습니다. 더 정확히 말한다면, 제게 책읽기는 그저 습관입니다. 과거에 그래왔고 현재에 그렇게 하고 있기 때문에 아마 미래에도 저는 관성적으로 책을 읽겠지요. 그렇게 사랑에 습관이 더해질 때, 마침내 책은 제게 말을 걸어옵니다. 책읽기는 제게 오락이고 영감이면서 시간을 배우는 방법이기도 합니다.

제게 좋은 책이란 너무나 흥미로워 한번 손에 들면 단숨에 끝까지 독파해버릴 수 있는 책이 아닙니다. 글자들을 읽어 내려가는 일보다 문단과 문단, 문장과 문장, 단어와 단어 사이에서 여백을 발견하는 일이 어쩌면 더 중요한 일일 수도 있으니까요. 그러니까, 독서라는 행위는 읽고 있는 순간들의 총합이 아닌 셈입니다. 독서는 바깥세상의 흐름에서 벗어나 책 속에 구현된 세계 속으로 뛰어들 때 시작되지만, 책 속의 세계에서 언뜻 일렁이는 어떤 그림자의 의미를 다시금 이 세상에 되비쳐 볼 때 비로소 완성되기도 합니다. 책읽기란 결국 철조망이 촘촘하게 쳐진 뻘밭 같은 세월 속을 헤쳐 나가는 우리의 서툰 포복술 같은 것인지도 모릅니다.

이것은 제가 쓴 여덟 번째 책이면서 동시에 영화와 관련되지 않은 첫 책이기도 합니다. 영화 관련 글을 주로 쓰면서 꽤 오랜 세월을 살아온 저로서는 다른 분야의 책을 쓰는 것은 무척이나 설레는 일이었습니다. 이 책은 지난 1년간 MBC FM 〈이동진의 꿈꾸는 다락방〉의 '밤은 말한다' 코너와 〈이동진의 문화야 놀자〉의 '이동진의 책갈피' 코너에서 방송되었던 내용을 보완하고 다듬어 글로 정리한 결과물입니다. (이 책에 실린 사진들은 여행자였던 저의 마음을 사로잡았던 세계 각지의 풍경들입니다. 그 아스라한 정경을 놓치지 않기 위해 허겁지겁 셔터를 눌렀던 순간들이 생생하네요.) 그 두 코너를 통해 제가 직접 쓴 원고를 DJ로서 다시금 낭독했던 것은 각별한 경험이었습니다. 말하자면 이 책은 활자와 전파를 매개체로 삼아 세상에 말을 거는 저의 방식인 셈입니다.

지난 1년간 프로그램을 함께하면서 특별한 즐거움을 나눴던 MBC 라디오 분들께 깊은 감사를 드립니다. 두서없는 원고들을 멋진 책으로 엮어주신 위즈덤하우스 분들께 오랜 신뢰의 인사를 보냅니다. 그리고 이 책에 인용을 허락해주신 각 출판사 관계자 분들과 저자 분들께도 감사의 말을 전합니다.

제게 밤은 한 권의 거대한 책입니다. 곧 밝아올 새벽이라기보다는 여전히 짙은 어둠의 한가운데 놓여 있는 것 같은 오전 세 시. 고요한 한밤의 서재에서 여러 권의 책을 뒤적이며 읽다가, 계속 미루기만 했던 이 서문을 씁니다. 책은 한 사람의 생각이 다른 사람의 생각과 가장 내밀하게 이어지는 통로이겠지요. 저자의 생각이 고스란히 투영된 책들을 보다가 멈추어 고개를 드는 순간 제게로 변형된 채 틈입해 들어오던 그 깊은 밤의 상념들을 이제 당신에게 보냅니다.

이 책을 읽다가 당신도, 문득, 수시로, 그랬으면 좋겠습니다.

/ 차례 /

프롤로그 006

...01

밤의 아이, 낮의 어른 • **밤으로의 여행**, 크리스토퍼 듀드니 지음 016
시간이 쌓여갈 때 • **회의주의자 사전**, 로버트 T. 캐롤 지음 020
작은 변화 • **안경의 에로티시즘**, 프랑크 에브라르 지음 025
일상의 행복 • **만들어진 승리자들**, 볼프 슈나이더 지음 029
사랑의 교집합과 여집합 • **꿈꾸는 뇌의 비밀**, 안드레아 록 지음 034
필사적인 필사 • **무진기행**, 김승옥 지음 038
샤덴프로이데 • **라쇼몽**, 아쿠타가와 류노스케 지음 043
소멸의 에너지 • **시간의 역사**, 스티븐 호킹 지음 047
신선한 진부함 • **우리는 사랑일까**, 알랭 드 보통 지음 051
사랑의 기술 • **생의 이면**, 이승우 지음 054
마지막 기회 • **세월**, 마이클 커닝햄 지음 057
반 뼘의 빈 자리 • **혼불**, 최명희 지음 062
세상에 턱걸이하기 • **신의 궤도**, 배명훈 지음 067
비릿한 충고 • **미술시간에 가르쳐주지 않는 예술가들의 사생활**, 엘리자베스 런데이 지음 071
원칙의 함정 • **가짜 논리**, 줄리언 바지니 지음 075
행복에 대한 강박 • **행복의 지도**, 에릭 와이너 지음 079
영수증의 기억 • **아주 보통의 연애**, 백영옥 지음 084
생각하는 손 • **장인**, 리처드 세넷 지음 088
삶과 예술 사이에서 • **쳇 베이커**, 제임스 개빈 지음 091
제대로 묻기 • **무지의 사전**, 카트린 파지크 · 알렉스 숄츠 지음 096
순수에의 강요 • **피의 문화사**, 구드룬 슈리 지음 099
관성의 법칙 • **설계자들**, 김언수 지음 102

...*02*

넋 놓고 멍하니 • **어디선가 나를 찾는 전화벨이 울리고**, 신경숙 지음 108
최초의 순간 • **종교 다시 읽기**, 한국종교연구회 지음 113
비밀의 문 • **잃어버린 시간을 찾아서**, 마르셀 프루스트 지음 117
확률적인 진실 • **밤은 노래한다**, 김연수 지음 121
말의 자격 • **한눈에 읽는 현대철학**, 남경태 지음 124
아침이 밝아오면 • **싱글맨**, 크리스토퍼 이셔우드 지음 128
15년 후 • **블링크**, 말콤 글래드웰 지음 132
별빛과 어둠 • **길에서 어렴풋이 꿈을 꾸다**, 이동진 지음 136
요절과 불멸 • **세계를 매혹시킨 반항아 말론 브랜도**, 패트리샤 보스워스 지음 141
포기의 기술 • **미스터 모노레일**, 김중혁 지음 145
고독의 위엄과 교감의 위로 • **노란 불빛의 서점**, 루이스 버즈비 지음 149
비관주의자의 행복 • **백야**, 표도르 도스또예프스끼 지음 154
악전고투의 걸작 • **헐리웃 문화혁명**, 피터 비스킨드 지음 158
정직과 무례 • **왜 우리는 끊임없이 거짓말을 할까**, 위르겐 슈미더 지음 163
고통공포증 • **위대한 환자와 위험한 의사들**, 외르크 치틀라우 지음 168
링고가 필요한 이유 • **왜 버스는 세 대씩 몰려다닐까**, 리처드 로빈슨 지음 172
슬픈 메아리 • **식물탄생신화**, 홀거 룬트 지음 175
신음 같은 질문 • **제5도살장**, 커트 보네거트 지음 179
선과 선의지 • **물고기 마음**, 루시드 폴 지음 182
재발견의 효능 • **어느 철학자가 보낸 편지**, 미키 기요시 지음 187

…03

기다림의 선물 • **시간**, 칼하인츠 A. 가이슬러 지음 194
시선의 폭력 • **낯선 여름**, 구효서 지음 197
남자와 우산 • **배꼽티를 입은 문화**, 찰스 패너티 지음 202
생략의 미학 • **1Q84**, 무라카미 하루키 지음 206
구경꾼의 윤리 • **논쟁이 있는 사진의 역사**, 다니엘 지라르댕 · 크리스티앙 피르케르 지음 210
일이 주는 위로 • **한 말씀만 하소서**, 박완서 지음 215
모든 게 필연이라면 • **갈팡질팡하다가 내 이럴 줄 알았지**, 이기호 지음 219
웃음의 마법 • **정재승의 과학 콘서트**, 정재승 지음 222
그리움의 성분 • **세운상가 키드의 사랑**, 유하 지음 225
전쟁 같은 사랑 • **클라시커 50 커플**, 바르바라 지히터만 지음 229
오늘 밤, 당신은 • **밤의 문화사**, 로저 에커치 지음 233
조르바의 춤 • **그리스인 조르바**, 니코스 카잔차키스 지음 237
불안한 나날 • **타르코프스키의 순교일기**, 안드레이 타르코프스키 지음 242
쓸쓸한 혼잣말 • **인간 속의 악마**, 장 디디에 뱅상 지음 245
표기법의 권력 • **짜장면**, 안도현 지음 249
서늘한 위엄 • **칼의 노래**, 김훈 지음 253
상처의 역설 • **총, 균, 쇠**, 재레드 다이아몬드 지음 257
인간이라는 수수께끼 • **하찮은 인간, 호모 라피엔스**, 존 그레이 지음 260

...04

권태라는 죄 • 에브리맨, 필립 로스 지음 266
변장한 천사 • 명배우의 연기 수업, 마이클 케인 지음 269
일에 대한 사랑 • 낭만적인 고고학 산책, C. W. 체람 지음 274
숲에서 나오니 • 기타노 다케시의 생각 노트, 기타노 다케시 지음 278
가치의 공존 • 전을 범하다, 이정원 지음 282
꿈보다 연민 • 건지 감자껍질파이 북클럽, 메리 앤 섀퍼·애니 배로스 지음 287
남자 이해하기 • 암컷은 언제나 옳다, 브리짓 스터치버리 지음 292
밤은 말한다 • 제목은 뭐로 하지?, 앙드레 버나드 지음 295
상처받지 않는 법 • 새의 선물, 은희경 지음 300
서늘한 밥 • 뒹구는 돌은 언제 잠 깨는가, 이성복 지음 305
여행을 권하며 • 나의 산티아고, 혼자이면서 함께 걷는 길, 김희경 지음 308
생각은 힘이 세다 • 베르나르 베르베르의 상상력 사전, 베르나르 베르베르 지음 312
쓰디쓴 단맛 • 나쁜 초콜릿, 캐럴 오프 지음 315
읽고 쓰고 생각하고 • 유혹하는 글쓰기, 스티븐 킹 지음 319
어떻게 지내세요? • 세상의 바보들에게 웃으면서 화내는 방법, 움베르토 에코 지음 323
이야기가 된 삶 • 큰 물고기, 다니엘 월러스 지음 326
서울 2012년 겨울 • 무진기행, 김승옥 지음 330

인용 도서 목록 335

...01

밤으로의 여행, 크리스토퍼 듀드니 지음

밤의 아이, 낮의 어른

캐나다의 시인이자 에세이스트인 크리스토퍼 듀드니의 책 《밤으로의 여행》은 깊은 밤이나 새벽에 읽기 좋습니다. 제목에서 짐작할 수 있듯, 글 전체가 밤에게 바치는 러브레터 같은 책이거든요. 밤과 관련된 자연 과학적이고 생물학적인 지식들을 저자의 밤에 대한 서정적인 느낌과 교직하면서 써내려간 에세이지요. 어스름한 일몰 무렵부터 끝나지 않을 것 같은 어둠이 서서히 물러가는 새벽까지 밤을 내내 여행하는 듯한 느낌인데요, 그 중에서 도입부는 이렇습니다.

>> 나는 밤을 사랑한다. 신비한 여름밤, 밤이 찾아올 때 느끼던 흥분, 밤의 검은 광채는 내 오랜 기억들 가운데 자리잡고 있다. 내가 11살

되던 해의 무더운 여름밤도 기억난다. 특히 달이 환하게 빛날 때면 난 밖으로 뛰쳐나가고 싶은 충동을 억누를 수 없었다. 난 부모님이 잠들 때까지 기다렸다가 나무 계단과 현관 앞의 참나무 마룻바닥을 살금살금 기어서 집 밖으로 몰래 빠져 나가곤 했다. 등 뒤로 조용히 뒷문을 닫고 난 후, 훈훈한 밤 공기 속에서 느끼던 혼자만의 달콤한 자유! 달빛 가득한 뒤뜰의 밝은 정적 속으로 발을 내딛을 때면, 전기처럼 짜릿짜릿하고 순수한 기쁨이 번개처럼 내 몸을 뚫고 지나갔다.

우리 집은 숲의 가장자리에 있었다. 그래서 난 종종 울타리를 넘어 나무들 사이로 들어가곤 했다. 밤눈이 밝아서 달빛이 없을 때에도 나뭇가지와 마른 낙엽을 밟지 않고 다닐 수 있었다. 난 내가 퓨마나 표범이라고 상상하면서 조용히 숲속을 거닐곤 했다. 그야말로 북아메리카의 밤하늘 아래서 자유를 만끽하는 한 마리 짐승이었다. 그 시절에는 미처 몰랐지만 난 밤눈을 이용하여 돌아다니면서 빅토르 위고Victor Hugo(1802~1885. 프랑스의 낭만파 시인)의 말을 증명하고 있었다. "이런 말을 하면 이상하게 들리겠지만, 빛나는 세계는 보이지 않는 세계다. 빛나는 세계는 우리가 볼 수 없는 세계다. 우리의 육신에 달린 눈은 오직 밤만을 본다." 난 어둠과 숲과 밤의 동물들과 하나가 되었다.

어쩌면 지금도 여전히 그렇다. 내가 밤에 대해 느끼는 매혹은 조금도 줄어들지 않았다. 밤에 관한 시들을 엮어 시집을 냈고 지금도 기나긴 밤 산책을 즐긴다. 이젠 숲이 아니라 도시의 주택가들을 거닐긴 하지만……. 밤에 홀린 사람이 나뿐만은 아니다. 친구의 딸인 7살짜리 멜리사는 특별한 밤—그 아이는 '소원을 비는 밤'이라는 이름을 붙였다—이면 집 밖으로 나가 엄마에게 받은 작은 나무상자 안에 '황혼의 희미한 빛을 담아온다'고 의기양양하게 말했다. "낮에 상자 안을 들여다보면 그 속에 있는 나의 신비한 밤을 볼 수 있어요. 상자는 아주 조금만 열어야 해요. 그러지 않으면 어둠이 모두 새어 나가거든요."

저 역시 밤을 사랑합니다. 솔직히 말하면, 제가 야행성이라서 그럴지도 모르지만요. 보통 새벽 네다섯 시쯤 잠이 드는데, 일어나서 신문을 읽고 나면 어느새 정오가 되어버리는 경우도 참 많습니다. 결국 해가 지고 난 뒤의 저녁이나 밤 시간이 제게는 매일 열 시간 넘게 있는 셈이죠. 밤을 싫어한다면, 어떻게 그런 올빼미 생활을 버틸 수가 있겠어요.

밤에 홀로 뭔가에 몰두하다가 문득 정신을 차리고 보면, 낮 동안의 자신과 완전히 다른 모습이 되어 있음을 깨달을 때가 있습니다. 이 책에도 묘사되어 있듯, 신데렐라가 부엌데기 하녀에서 신비로운 차림의 공주로 변신하려면 밤이 되어야만 했지요. 피터 팬은 밤늦게까지 잠을 자지 않는 야행성 인간이었구요. 그리고 피노키오에게 생명을 선물하는 파란 요정은 별이 빛나는 밤하늘에서 내려옵니다.

말하자면 밤은 치열한 다큐멘터리가 끝나고 부드러운 동화가 시작되는 시간일 거예요. 괘종시계가 열두 번을 치고 나면 저마다의 가슴속에 숨어 있던 소년과 소녀가 말을 걸어오기 시작하지요. 그래서 사람들은 밤에 쓴 편지를 낮에 부치지 못하는 것이겠지요. 낮의 어른은 밤의 아이를 부끄러워하니까요. 하지만 밤의 아이 역시 낮의 어른을 동경하지는 않을 겁니다.

회의주의자 사전, 로버트 T. 캐롤 지음

시간이 쌓여갈 때

로버트 캐롤이 쓴 《회의주의자 사전》은 점성술과 연금술에서 염력과 집단 환각까지, 믿는 사람들이 적지 않은 갖가지 초자연적 현상들에 대해 냉철하게 회의주의적 태도를 견지하면서 항목별로 비판하고 있는 독특한 책입니다. 굉장히 광범위한 주제들을 다루고 있는데 그 중에서 '속독'에 대한 부분을 보겠습니다.

》 속독. 1분에 수천 단어를 읽을 수 있다는 능력. 예를 들면 하워드 버그는 '한번에 앞뒤로 15행씩' 읽음으로써 1분에 25,000단어를 읽을 수 있다고 한다. 그것은 1분에 약 80에서 90페이지를 읽는다는 말이다. 버그가 톨스토이의 《전쟁과 평화》를 읽는 데는 15분 정도밖에 걸리지 않

는다.

(중략)

캘리포니아대학 버클리캠퍼스의 교육학 교수이며 독서 전문가인 앤 커닝햄은 독서 중 단속 운동(한 점에서 다른 점으로 이동할 때 눈의 순간적인 운동)을 측정한 결과 사람이 정확하게 읽을 수 있는 단어의 최대치는 분당 약 300단어라고 보고했다. 그녀는 "분당 1만 단어를 읽는다고 하는 사람들은 우리가 보통 '훑는다'고 말하는 행위를 하는 것"이라고 말했다. 독서 속도는 주로, 독서하는 사람이 자신이 읽는 단어와 표현을 얼마나 빨리 이해할 수 있느냐에 의해 결정된다. 빠른 독서가는 탁월한 '인지 어휘력'의 소유자다. 빠른 독서가는 느린 독서가에 비해 단어를 보고 이해하는 속도가 빠른 것이다. 그녀는, 독서 속도를 증가시키려면 독해와 학습법을 개선해야 한다고 말한다.

(중략)

독서 속도를 높이고 싶은 사람은 일반인을 대상으로, 학습법과 어휘력, 독해력을 키워주는 대학 강좌에 등록하는 편이 더 나을 것이다. 비용도 더 저렴할 뿐 아니라, 한번에 10행씩 앞뒤로 읽느라 시간을 허비하지도 않는다. 또한, 읽는 것보다 훨씬 빠른 속도로 자료를 훑을 수 있는 반면 이런 기술은 물리학 공부를 하거나 좋은 소설을 읽는 데가 아니라 이를테면 신문을 보는 데나 쓸모가 있다는 사실을 알았을 때 맛보게 될 불가피한 좌절감도 피하게 될 것이다. 훑어보기는 독해와, 단어나 사상에서 맛볼 즐거움 두 가지 모두를 거의 불가능하게 만든다. 《

제가 중학교에 다닐 무렵, 속독법이 유행했습니다. 읽고 싶은 책은 많고 읽을 시간은 턱없이 적다고 느끼고 있던 당시의 저는 누구보다도 속독법이라는 마법의 책읽기 방식에 당장 혹했지요. 아예 속독법을 훈련시키는 학원에 등록해서 다니고 싶었지만 그렇게까지는 할 수 없었던 저는 속독법 책을 사서 혼자 익히려고 했어요. 그런데 원과 점선만으로 수십 페이지씩 이어지기까지 했던 그 책을 아무리 파고들어도 끝내 마법은 제게 찾아오지 않았습니다. 그저 무언가를 빨리 읽고 있는 것 같은 착각과 정신을 차릴 수 없을 정도로 몰려오는 눈의 피로감이 있었을 뿐이었지요.

돌이켜보면, 세상에, 방대한 분량의 톨스토이의 소설 《전쟁과 평화》를 읽는 데 15분밖에 걸리지 않는 신비한 책읽기 방식이라는 게 존재할 수 있겠어요. 그런데도 속독법 열풍이 불어닥쳤고 어렸던 저 역시 그것에 한동안 열광했던 걸 보면 단기간 내에 책에서 최대한 많은 것을 얻어내려는 조급증이 수많은 독자들을 충동질하고 있음을 알 수 있지요.

이제껏 꽤 많은 책을 읽어왔지만, 여전히 저는 책 읽는 속도가 특별히 빠르지는 않습니다. 빨리 습득하기는커녕, 심지어 메모를 하고 줄까지 쳐가면서 공들여 읽은 책인데도 몇 달 지나면 대강의 내용조차 기억나지 않는 경우가 허다합니다. 하지만 그렇다고 해서 그러한 책읽기가 허무하다고 생각하지는 않습니다. 책을 통해 파악한 구체적인 지식의 몸체는 기억 속에 남지 않는 것 같아도, 그런 지식의 흔적과 그런 지식을 받아들여나가던 지향성 같은 것은 여전히 어딘가에 남고 또 쌓여서 결국 일종의 지혜가 된다고 믿으니까요.

'당신이 죽기 전에 반드시 읽어야 할 1000권의 책' 같은 것은 없습니다. 그냥 당신이 읽고 싶은 책과 읽어서 즐거운 책이 있을 뿐이지요. 그리고 오랜 시간이 걸리는 일을 단박에 해치울 수 있는 속성법이란 것도 없습니다. 어떤 일을 해내는 데 세월이 필요하다면, 그건 긴 시간이 곧 그 일의 핵심이기 때문이지요. 세상의 가치 있는 것들은 대부분 결과나 목표가 아니라 과정에 그 중요성이 놓여 있습니다. 순간순간의 과정을 즐기지 못한다면 설혹 그 결과가 끝내 내게 다가온다고 해도, 그 찰나의 지점이 뭐 그리 가치 있겠습니까.

● **안경의 에로티시즘**, 프랑크 에브라르 지음

작은 변화

프랑스의 문학 연구가 프랑크 에브라르가 쓴《안경의 에로티시즘》이라는 독특한 책을 소개해드립니다. 안경은 나쁜 시력을 보완하기 위한 도구일 뿐만 아니라 햇빛을 막거나 패션과 스타일을 위한 중요한 장신구이기도 하지요. 보기 위한 것이기도 하고 감추기 위한 것이기도 한 아이러니한 성격을 지니고 있기도 하구요. 이 책은 문학과 영화를 비롯한 다양한 텍스트들 속 안경의 의미에 대해 신선하게 파고듭니다. 특히 안경이 지닌 에로틱한 맥락을 집중적으로 다루고 있지요. 안경이 초래하는 변화에 대한 저자의 생각을 담은 부분을 볼까요.

》　　안경은 몸을 가지고 논다. 눈만이 아니라 코와 귀, 얼굴 전체,

손을 가지고 논다. 의복을 제외하고는 몸과 가장 밀접하게 접촉하는 사물인 안경은 씌어지거나, 얼굴에 맞춰지거나, 걸쳐지거나, 신발처럼 신기거나, 신체 도식(자신의 육체에 대해 각자가 가지고 있는 상―옮긴이)에 속하는 요소로 체험되거나 아니면 반대로 어느 정도는 행복과 접목된 낯선 요소로 체험된다. 안경은 조작의 대상으로, 타인의 몸이나 자신의 몸과 맺는 관계의 단서가 된다. 안경을 쓰면 개인 몸의 외관이 변한다. 안경은 자연의 산물이자 문화의 산물이기도 한 새로운 흔적을 몸에 부여한다.

얼굴에 일어난 변화는 파울 쉴더Paul Schilder가 "몸의 이미지"라고 부른 지각知覺의 전복을 가져온다. 인위적 기교가 얼굴의 자연적 연장으로서 신체 도식에 동화되는 것이다. 후천적인 낯선 형태가 인간이 자신의 용모에 대해 머릿속으로 품는 이상적인 이미지에 맞추어 내면화되는 것이다.

(중략)

안경은 피부에 밀착됨으로써, 눈 주위에 집결됨으로써 유기체와 분리될 수 없는 실체가 되어 몸을 확장하는 장신구가 된다. 안경을 쓴 사람은 안경을 통해 자신을 알아보기 때문에 그것은 자기 존재의 가장 내밀한 상징이 된다. 《

몇 해 전 겨울, 고민 끝에 오래도록 다니던 직장에 사표를 냈습니다. 내 뜻대로 결정해서 실행에 옮겼지만, 일단 회사를 그만두고 집에 머물게 되자 이상하게 스스로가 낙오자처럼 느껴지면서 한없이 우울해지더군요. 그런데 밑바닥으로 온통 꺼질 것만 같던 시간들에서 빠져 나오게 된 계기는 저도 전혀 예상하지 못했던 작은 일에서 생겨났습니다.

어느 날, 쓰던 안경테가 부러져서 동네 안경점을 찾았습니다. 이전처럼 검은색이나 갈색의 뿔테 혹은 은테 안경들을 진열대에서 훑어나가는데 갑자기 빨간색 뿔테 하나가 눈에 확 들어왔습니다. 튀지 않는 안경테 몇 개를 걸쳐보며 거울을 보다가 그 빨간 테도 슬쩍 써보았어요. 거울 속의 제 모습은 낯설었지만 한편으로는 새롭게 보이기도 하더군요. 하지만 곧 빨간 테를 벗어서 주인에게 돌려주었습니다. '내가 이렇게 튀는 안경테를 어떻게 써?'라는 생각이 들었던 것이지요. 중학교 2학년 때 이후로 오랜 세월 안경을 써왔지만, 한 번도 평범한 안경테에서 벗어나본 적이 없었으니까요.

하지만 이어서 '왜 안 돼?'라는 반문이 스스로 들더군요. 직장까지 그만둔 상황에서 대체 누가, 무엇이 신경쓰이길래 쓰고 싶은 안경테도 못 사는가, 싶었던 것이지요. 결국 과감하게 그 안경테를 샀습니다. 그리고 제가 우울한 나날들에서 벗어나기 시작한 것은 그 직후의 일이었습니다. 변화의 순간은 일종의 의식儀式을 필요로 할 때가 많은데, 말하자면 제게 그 의식은 빨간 테 안경을 사는 일이었던 셈이지요.

오랜 수행 끝에 인생관을 신념의 힘으로 바꾼 것도 아니고, 새로운 미래를 맞이하면서 심기일전하느라 세계일주를 한 것도 아니었습니다. 그저 안경테 하나를 바꿨을 뿐이었던 것이지요. 그런데 튀는 안경을 소화하는 작은 용기와 작은 의지는 곧 세상에 대한 저의 태도에 작은 변화를 가져오게 되었고, 그 작은 변화는 결코 작지 않은 또다른 연쇄적 변화로 이어졌습니다. 그런데 어디, 안경만 그렇겠어요. 삶에서 변화란 원래 그렇게 아주 작은 것을 바꾸는 것으로부터 찾아오는 게 아닐까요.

●**만들어진 승리자들**, 볼프 슈나이더 지음

일상의 행복

《만들어진 승리자들》은 언론인 출신인 독일 저술가 볼프 슈나이더가 위인으로 확고하게 역사에 기록된 인물들, 예를 들면 알렉산드로스 대왕, 넬슨이나 니체 같은 정치인, 예술가, 학자 들이 과연 그런 평가를 받을 만한지에 관해 집중적으로 파고든 책이지요. 지식인의 역할 중 하나가 통념에 대해 의문을 제기하고 그 근저를 파고들어가보는 것임을 감안할 때, 무척 의미 있는 작업을 수행하고 있는 저작이라고 할 수 있을 겁니다. 이 과정에서 위인들의 삶이나 업적과 관련해 저자가 인용하고 있는 수많은 사례가 참 흥미롭게 읽히기도 하구요. 그 중에서 위인들의 불행에 대한 부분을 읽어보겠습니다.

》	많은 위인들이 일상의 즐거움을 누리지 못했다. 야심에 끌려 다니고 자기만의 귀신에 씐 채 오직 한 가지 일만을 위해 자신을 혹사함으로써 일상의 행복을 스스로 거부했다. 로베르트 발저는 클라이스트에 대해 이런 말을 했다. "이성적으로 숙고하고 평범하게 느끼며 사는 행복은 산사태로 우르르 쾅쾅 굴러 내린 바윗덩어리가 작은 돌멩이로 산산조각 나듯 그의 인생에서는 무망한 일이었다." 융은 말했다. "신으로부터 '위대한 재능'을 선물 받고 나서 비싼 대가를 치르지 않은" 예술가는 드물다. 창작의 열정은 모든 개인적 소망을 분쇄하고, 인간적인 모든 것은 창작을 위해 "피를 철철 흘리며 죽어 갈" 수밖에 없다.

(중략)

클라이스트가 자신의 인생을 "인간이 경험할 수 있는 가장 고통스러운 삶"이라고 불렀다면 그게 제대로 표현한 것일까? 단 한 가지만 봐도 그건 옳은 표현이 아니다. 슈베르트도 자신을 '세상에서 가장 불행하고 비참한 인간'이라고 칭했기 때문이다. 세잔 역시 "지상에서 자기보다 더 불행한 인간은 없을 것"이라고 고백했다. 로베르트 발저도 결코 이들에 뒤지지 않는다. "나는 다른 어떤 사람도 '내'가 되기를 바라지 않는다. 나만이 나를 견뎌 낼 수 있을 뿐이다."

그렇다면 정치인과 장수, 연구자, 발견자들은 어떨까? 그들도 지고의 쾌감과 지옥의 고통을 동시에 경험한다. 그것도 우리에게 슬픈 인상을 강요하면서. 《

정말 수많은 위인들이 우울증에서 약물 중독까지 다양한 증상에 시달리며 괴로워했지요. 프루스트는 어떤 고통이든 찾아와야 비로소 창작에 들어갈 수 있다고 했고, 미켈란젤로는 음울한 어둠 속에서 살아가야 할 스스로의 운명을 인식했습니다.

아닌 게 아니라, 볼프 슈나이더의 《만들어진 승리자들》을 다 읽고 나서 개인적으로 다시금 느낀 것은 위인이 아니라서 다행이라는 것이었습니다. 위인이라고 예외 없이 전부 불행한 삶을 사는 것은 분명 아니겠지요. 하지만 예술이나 학문의 영역이든 정치나 탐사의 영역이든, 역사에 남을 업적을 이루거나 이루려고 하는 사람이라면 그의 삶 자체는 행복에서 멀어지기 쉽다는 것은 아마도 사실일 것 같습니다. 왜냐하면 업적이라는 것이 인생 전체에 걸쳐 있는 거시적 기준의 결과물이라면, 행복은 그날그날의 일상을 대하는 미시적 감정과 감각에 가깝기 때문입니다.

인생 전체에 대해 돌아보면서 만족해하는 사람의 행복감이라는 것 역시 결국은 돌아보고 있는 그 순간의 행복일 뿐이지요. 업적이란 새로운 것을 집요하게 시도할 때 가능성이 더 커지는데, 일상은 새로운 게 아니라 늘 해오던 익숙한 일들을 반복하는 일입니다. 그러니 하루하루의 삶에서 행복을 발견할 줄 아는 능력과 특별한 성과를 향해 전력질주할 수 있는 능력은 서로 이율배반적이라고 할까요.

거대한 명성으로 삶이 타의에 의해 격렬하게 휘둘리게 되는 상황 속에서 인간은 행복을 만끽하기 어렵습니다. 백만 명의 사랑을 누리는 사람은 한 명의 사랑을 받는 사람보다 더 행복해지기가 오히려 쉽지 않다는 겁니다. 그래서 미국의 사상가 랠프 에머슨은 "명성과 휴식은 한 지붕 밑에서 살 수 없다"고 했던 것이겠지요. 그러니 다시 한 번, 업적 대신 일상이 있는 우리의 삶이 얼마나 다행스러운가요.

꿈꾸는 뇌의 비밀, 안드레아 록 지음

사랑의 교집합과 여집합

미국의 과학 저널리스트 안드레아 록이 쓴 《꿈꾸는 뇌의 비밀》을 읽었습니다. 이 책은 꿈의 메커니즘과 효능에 대한 현대 과학의 성과들을 종횡무진 누비며 해설한 흥미로운 과학교양서입니다. 저자는 꿈에 대한 지난 수십 년 간의 실험과 이론들을 통해 결국 꿈꾸는 인간의 특성, 더 나아가 인간이라는 수수께끼 자체를 파헤치려고 합니다. 그 중에서 시각 정보를 뇌가 처리하는 방식에 대한 대목을 읽어보겠습니다.

>> 우리는 0.05초 정도 시간이 지체된 후에야 어떤 것을 실제로 본다. "그때도 망막을 때리는 빛 입자들을 모두 보지는 못합니다. 단지 뇌가 흥미롭고 중요하다고 여긴 것들만 보게 되지요. 우리의 주위환경을

묘사한 화려한 시각적 태피스트리는 '저 멀리 있는' 자신과는 별개의 것처럼 보입니다. 하지만 그 다채로운 창작품은 전적으로 우리의 뇌가 수놓은 겁니다." 체르너가 말한다.

 뇌는 유전자에 부호화된 것에 일부 근거하여 무엇이 자신의 시각적 태피스트리에 짜 넣을 만큼 중요한지 결정한다. 박쥐의 뇌가 구성하는 시각적 이미지는 인간의 뇌가 동일한 시각 정보로 구성하는 이미지와 상당히 다를 것이다. 심지어 두 사람이 똑같은 풍경을 보고 있을 때도 각자의 뇌가 조립하는 시각적 이미지는 다를 수 있다. 한 예로, 남성의 60%는 긴 파장의 적색 광색소(색을 이루는 기본 입자)를 지각할 수 있는 유전자를 가지고 있다. 따라서 빨간 장미를 바라볼 때 그들이 지각하는 빨간색은 그 꽃을 바라보는 나머지 40%의 남성이 보는 빨간색과 똑같지 않다. 그리고 동일한 장면을 바라보는 두 사람도 각자의 개인사에 의거하여 서로 다른 면에 주목할 것이다. 따라서 시각적 주의를 집중하는 방식 역시 '보이는 것'에 영향을 미친다. 《

결국 우리의 눈이 아니라 뇌가 본다는 거지요. 그리고 뇌가 시각적인 정보를 처리하는 방식은 기억과 추론 방식에 따라 저마다 다르구요. 단편적인 시청각적 정보도 그럴진대, 하물며 눈과 귀에 직접 보이거나 들리지 않는 관념의 영역은 어떻겠습니까.

 어쩌면 함께 오랜 시간을 보내온 연인들 역시 사랑을 서로 다르게 받아들이고 있는 건지도 모릅니다. 내가 말하는 사랑과 그가 생각하는 사랑이 사실은 서로 다른 사랑일 수도 있다는 거지요. 어떤 사람은 이상적 판타지에 가까운 완전체로서의 사랑만이 사랑이라고 생각할 테고, 어떤 사람은 뜨겁게 타오르는 열정이 사랑의 전부라고 여기겠지요. 어떤 사람은 사랑이 위장된 성적 욕망에 불과하다고 치부할 테고, 또 어떤 사람은 사랑의 현실적인 기능들이야말로 핵심이라고 볼 겁니다.

비유해서 말한다면, 거대한 집합 같은 사랑이라는 관념에서 사람들은 저마다 받아들일 수 있는 원소들만을 모아서 부분집합을 만들거나, 받아들일 수 없는 원소들을 배제함으로써 여집합을 구성한 뒤 그것이 사랑이라고 믿는다는 것이지요. 그렇게 서로 다른 원소들로 채운 각자의 사랑의 집합을 염두에 두고서 상대의 사랑을 재단하기에 갈등이 생길 수밖에 없다고 할까요. 연인들에게 현실적으로 허용된 것은 오로지 공통된 원소만으로 짐작되는 교집합으로서의 사랑밖에는 없는데 말이지요.

희망이나 평화 같은 개념들 역시 그렇겠지요. 모두들 눈빛을 반짝이면서 평화를 이야기하는데도 그렇게 평화를 말하는 사람이나 집단끼리 평화를 깨는 갈등으로 충돌하는 일이 잦은 것은 각자가 말하는 평화가 위선이었기 때문이라기보다는, 저마다의 평화가 사실은 서로 다른 평화였기 때문이 아닐까요.

그러니까 아무리 숭고한 지향이라고 해도, 그리고 겉으로는 모든 사람이 수긍하는 듯한 목표라고 해도, 사실 그것은 확률적으로 일부분만 공유된 가치일지도 모릅니다. 각자 내리는 정의나 부여하는 의미가 서로 다를 때, 그 경계선상에서 발생하는 일들은 필연적으로 갈등을 불러일으킬 수밖에 없다는 겁니다. 같은 것들을 보고 같은 것들을 듣는다

해도, 사실 우리는 저마다 다른 세상에서 살기에, 조심스럽게 서로에게 접선을 시도할 수밖에 없는 타인들이고 일종의 섬인지도 모릅니다.

무진기행, 김승옥 지음

필사적인 필사

오늘 밤 다시 읽고 싶은 책은 김승옥씨의 소설 〈무진기행〉입니다. 이 소설은 고향 무진霧津―밤사이 진주해온 적군들처럼 안개가 삥 둘러싸고 있는 마을―을 오랜만에 방문한 한 남자가 학교에서 음악을 가르치는 여자 교사와 만나면서 벌어지는 일들을 다룬 단편소설이지요. 김승옥씨의 단편소설들은 문학어로서 한국어가 도달할 수 있는 하나의 정점을 구현하고 있다고 할까요. 그 중에서도 하나만 꼽자면 단연 〈무진기행〉일 겁니다. 제가 느끼기엔 한국어로 적힌 가장 아름답고 가장 명징하고 가장 쓸쓸한 문장들이 이 작품에 담겨 있습니다. 지금으로부터 50여 년 전, 당시 스물네 살의 나이였던 김승옥씨가 쓴 〈무진기행〉의 매우 인상적인 구절들을 몇 군데만 꼽으면 아래와 같습니다.

〉〉 무진에 명산물이 없는 게 아니다. 나는 그것이 무엇인지 알고 있다. 그것은 안개다. 아침에 잠자리에서 일어나서 밖으로 나오면, 밤사이에 진주해온 적군들처럼 안개가 무진을 뺑 둘러싸고 있는 것이었다. 무진을 둘러싸고 있던 산들도 안개에 의하여 보이지 않는 먼 곳으로 유배당해버리고 없었다. 안개는 마치 이승에 한이 있어서 매일 밤 찾아오는 여귀女鬼가 뿜어내놓은 입김과 같았다. 해가 떠오르고, 바람이 바다 쪽에서 방향을 바꾸어 불어오기 전에는 사람들의 힘으로써는 그것을 헤쳐버릴 수가 없었다. 손으로 잡을 수 없으면서도 그것은 뚜렷이 존재했고 사람들을 둘러쌌고 먼 곳에 있는 것으로부터 사람들을 떼어놓았다. 안개, 무진의 안개, 무진의 아침에 사람들이 만나는 안개, 사람들로 하여금 해들, 바람을 간절히 부르게 하는 무진의 안개, 그것이 무진의 명산물이 아닐 수 있을까!

(중략)

버스는 무진 읍내로 들어서고 있었다. 기와지붕들도 양철지붕들도 초가지붕들도 6월 하순의 강렬한 햇빛을 받고 모두 은빛으로 번쩍이고 있었다. 철공소에서 들리는 쇠망치 두드리는 소리가 잠깐 버스로 달려들었다가 물러났다. 어디선지 분뇨 냄새가 새어들어왔고 병원 앞을 지날 때는 크레졸 냄새가 났고 어느 상점의 스피커에서는 느려빠진 유행가가 흘러나왔다. 거리는 텅 비어 있었고 사람들은 처마 밑의 그늘에 쭈그리고 앉아 있었다. 어린아이들은 빨가벗고 기우뚱거리며 그늘 속을 걸어다니고 있었다. 읍의 포장된 광장도 거의 텅 비어 있었다. 햇빛만이 눈부시게 그 광장 위에서 끓고 있었고 그 눈부신 햇살 속에서, 정적 속에서

개 두 마리가 혀를 빼물고 교미를 하고 있었다.

(중략)

그 여자의 〈목포의 눈물〉은 이미 유행가가 아니었다. 그렇다고 〈나비부인〉 중의 아리아는 더욱 아니었다. 그것은 이전에는 없었던 어떤 새로운 양식의 노래였다. 그 양식은 유행가가 내용으로 하는 청승맞음과는 다른, 좀더 무자비한 청승맞음을 포함하고 있었고 〈어떤 개인 날〉의 그 절규보다도 훨씬 높은 옥타브의 절규를 포함하고 있었고, 그 양식에는 머리를 풀어헤친 광녀의 냉소가 스며 있었고 무엇보다도 시체가 썩어가는 듯한 무진의 그 냄새가 스며 있었다.

(중략)

어디선가 한시를 알리는 시계 소리가 나직이 들려왔다. 어디선가 두시를 알리는 시계 소리가 들려왔다. 어디선가 세시를 알리는 시계 소리가 들려왔다. 어디선가 네시를 알리는 시계 소리가 들려왔다. 잠시 후에 통금 해제의 사이렌이 불었다. 시계와 사이렌 중 어느 것 하나가 정확하지 못했다. 사이렌은 갑작스럽고 요란한 소리였다. 그 소리는 길었다. 모든 사물이, 모든 사고가 그 사이렌에 흡수되어갔다. 마침내 이 세상에선 아무것도 없어져버렸다. 사이렌만이 세상에 남아 있었다. 그 소리도 마침내 느껴지지 않을 만큼 오랫동안 계속할 것 같았다. 그때 소리가 갑자기 힘을 잃으면서 꺾였고 길게 신음하며 사라져갔다. 어디선가 부부들은 교합하리라. 아니다. 부부가 아니라 창부와 그 여자의 손님이리라. 나는 왜 그런 엉뚱한 생각을 하고 있는지 알 수 없었다. 잠시 후에 나는 슬며시 잠이 들었다. 《

제 인생에서 완전히 매료된 최초의 작가가 바로 김승옥씨였습니다. 그때 저는 홀로 세상의 고민을 다 짊어진 듯 괜히 심각하게 폼 잡으면서 우울한 나날에 빠진 채 중학교 3학년의 마지막 겨울을 보내고 있었지요. 심한 사춘기를 겪느라 기나긴 겨울밤, 세상으로부터 숨어든 채 골방에서만 보내던 그때, 저는 〈무진기행〉을 직접 노트에 베껴 쓰기 시작했습니다.

그건 김승옥 작가가 구사하고 있는 문장 작법의 비밀을 알아내기 위해서가 아니었습니다. 그냥 그 소설이 너무 좋아서 직접 내 손으로 볼펜을 들고 문장 하나하나를 옮겨 적고 싶어서였지요. 그렇게 내 손으로 필사한 〈무진기행〉을 갖고 싶었던 겁니다. 길지 않은 단편소설이었지만, 정성 들여 옮겨 적는 데는 적잖은 시간이 들어가야 했습니다. 그리고 그 소설을 다 베껴 썼을 때 마침내 그 길었던 겨울은 끝나가고 있었습니다.

앞의 문단들에서 느끼실 수 있듯, 〈무진기행〉은 전혀 희망찬 소설이 아닙니다. 거기에 가득 배어 있는 것은 자기 기만과 부끄러움, 자책과 환멸이니까요. 물론 김승옥씨의 소설에 빠져들던 그때의 어린 제게는 자기 연민이 짙었고 감상이나 허세 또한 적지 않았을 겁니다. 하지만 어두운 감정 속 깊숙이 자맥질해 들어감으로써 오히려 탈출하기 쉬운 음울한 시간도 있습니다.

결과적으로 〈무진기행〉을 옮겨 적는 일은 그 시절 제게 세상을 향해 발을 내디딜 수 있는 일종의 발판이 되어주었습니다. 그 이후 고등학교에 진학한 뒤에도 저는 몇 차례에 걸쳐 이 소설을 필사하곤 했습니다.

물론 쉽지 않은 나날들을 통과할 때였지요. 그리고 그때마다 〈무진기행〉을 노트에 따라 적는 작업은 기이한 방식으로 제게 힘을 주었습니다.

당신은 지금 어떤 나날을 보내고 계십니까. 그리고 지금 당신은 어떤 책을 읽으면서, 그리고 그 책을 어떻게 떠올리면서 발판을 디딜 준비를 하고 있습니까.

●**라쇼몽**, 아쿠타가와 류노스케 지음

샤덴프로이데

일본 문학상 중 가장 널리 알려진 아쿠타가와상은 20세기 전반의 일본 문학을 대표하는 단편작가인 아쿠타가와 류노스케를 기리기 위해 제정된 신인 작가상입니다. 마루야마 겐지나 무라카미 류, 유미리 등이 바로 이 상의 수상자들이지요. 서른다섯의 나이에 자살한 아쿠타가와 류노스케가 남긴 대표작 중에는 구로자와 아키라 감독의 영화로도 유명한 〈라쇼몽〉 등이 있는데요, 지금 살펴볼 작품은 아쿠타가와의 대표작들을 모은 《라쇼몽》 중에서 〈코〉라는 단편입니다. 아쿠타가와가 본격적으로 작가의 길을 걷게 된 작품으로, 혼자 밥을 먹기 힘들 정도로 코가 지나치게 길어서 남들이 하는 뒷이야기에 신경을 쓸 수밖에 없었던 어느 스님이 독특한 민간요법—코를 뜨거운 물에 데치고 발로 밟는

등―을 거쳐 마침내 코가 일반적인 사람들처럼 짧아지게 되는 데 성공한 직후의 이야기를 다룬 대목입니다.

>>   코가 짧아진 후 이삼일이 지나는 동안 스님은 의외의 사실을 발견하였다. 그것은 때마침 용무가 있어 이케노오 절을 방문한 무사가, 예전보다 더 우습다는 표정으로 말도 제대로 하지 않고 뚫어지게 스님의 코만 바라보았던 것이다. 그 사람뿐 아니라, 예전에 스님 코를 죽에 빠뜨린 적이 있는 동자승 등은, 강당 밖에서 스님과 지나칠 때에 처음에는 아래를 바라보며 웃음을 참고 있었으나 끝내 참지 못하겠다는 듯이 와 웃음을 터뜨리고 말았다. 용무를 지시받는 아래 승려들도 얼굴을 마주한 때는 정중하게 듣고 있어도, 스님이 돌아서기만 하면 곧바로 킥킥 웃기 시작한 것이 한두 번이 아니었다.

　스님은 처음에는 자기 얼굴이 바뀌어서 그럴 것이라고 해석하였다. 그러나 아무래도 이 해석만으로는 설명이 충분하지 않았다. 물론, 동자승과 아래 승려들이 웃는 원인은 그런 것임이 분명했다. 그렇지만 같은 웃음이라도 코가 길었던 때와는 어딘가 달랐다. 익숙한 긴 코보다 처음 보는 짧은 코가 더 웃긴다고 하면 그것으로 그만이다. 그러나 그것이라 하기에는 아직 무언가가 석연치 않은 듯하였다.

　"전에는 저렇게 함부로 웃지 않았는데……."

　스님은 경을 읽다 말고 대머리를 갸웃거리면서 때때로 이렇게 중얼거렸다. 가련한 스님은 그런 때가 되면 반드시 멍하니 옆에 걸린 보현보살〔흰 코끼리를 타고 석가 오른쪽에서 따르던 보살〕 그림을 바라보면서,

코가 길었던 사오일 전을 떠올리고, '지금은 몹시 초라하게 전락한 사람이 화려했던 옛날을 그리워하는 것처럼' 침울해졌다. 스님은 유감스럽게도 이 질문의 대답을 얻을 수 있는 혜안을 갖지 못했다.

……인간의 마음에는 서로 모순된 두 가지 감정이 있다. 물론, 누구라도 타인의 불행을 동정한다. 그러나 그 사람이 불행을 어떻게라도 극복하게 되면, 이번에는 그것을 바라보던 쪽에서 왠지 섭섭한 마음이 된다. 조금 과장하여 말하자면, 다시 한 번 그 사람을 같은 불행에 빠뜨리고 싶다는 마음조차 생긴다. 그리고 어느 사이에, 소극적이기는 하나, 어떤 적의를 그 사람에게 품게 된다……. 스님이 이유를 모르지만 왠지 불쾌하게 생각한 것은 이케노오 절의 승려와 속세인의 태도에서 이 같은 방관자의 이기주의를 은근히 느꼈기 때문이 틀림없었다. 《

자존심이 강했던 스님은 마을 사람들이 자신의 긴 코에 대해 동정해주면서 이런저런 뒷말을 하는 게 견딜 수가 없었지요. 그러다가 간절히 원했던 대로 코가 짧아지자 이제는 다 해결됐다고 생각했습니다. 그러나 사람들은 오히려 스님에 대해 그 뒤부터 더 많은 뒷말을 하기 시작했습니다. 소설 〈코〉에 묘사된 대로, 남의 불행을 동정하다가도 그 사람이 그 불행한 상황에서 벗어나게 되는 걸 목도하면, 이상하게도 악의가 마음속에서 꿈틀대기도 하는 것이지요.

독일어로 된 심리학 용어 중에 '샤덴프로이데Schadenfreude'라는 말이 있습니다. 독일어로 '피해'를 뜻하는 단어와 '기쁨'을 의미하는 단어가 결합된 이 용어는 번역하자면 남의 불행을 고소하게 여기는 감정을 일컫지요. 타인에게 어떤 좋지 못한 일이 일어날 때, 내게는 그 일이 일어나지 않았다는 사실에서 남모르게 안도를 느끼고, 그 일이 그에게 일어나고 내게 일어나지 않은 데에는 뭔가 이유가 있다고 생각하면서 우월감을 느낀다고 할까요.

아쿠타가와 류노스케의 소설 〈코〉에서 마을 사람들의 마음 상태가 바로 샤덴프로이데였다고 할 수 있을 겁니다. 그들은 스님에 대해 동정하는 듯 말했지만, 사실 속으로는 일종의 우월감을 즐기고 있었던 거구요. 그렇기에 스님이 콤플렉스를 떨쳐내자 오히려 적의를 드러내며 과도하게 비웃었던 것일 테지요.

오늘날에 이르러 샤덴프로이데는 대중적으로 널리 알려진 유명 인사들, 특히 연예인들을 향해 발휘되고 있는 것 같습니다. 샤덴프로이데는 자신보다 좋은 상황에 놓여 있는 것처럼 보였던 인물이 좋지 않은 일을 겪게 되었을 때 더욱 왕성해질 텐데, 그 대상으로 가장 흥미로우면서 손쉬운 대상이 바로 연예인인 것이지요. 상대가 연예인이라면 그의 불행을 은근히 즐기는 나의 속마음을 들킬 확률이 매우 낮고, 개인적 친분이 있는 사람이 아닌 만큼 죄책감도 덜할 것이며, 겉으로는 굉장히 화려해 보이는 직업이니만큼 나쁜 일을 겪은 뒤의 낙폭이 더욱 두드러질 것이므로 지켜보는 자의 쾌감 역시 클 테니까요. 어찌 보면, 샤덴프로이데만큼 소름끼치는 인간의 감정도 드물 것 같네요.

● **시간의 역사**, 스티븐 호킹 지음

소멸의 에너지

살아 있는 가장 유명한 물리학자인 스티븐 호킹의 《시간의 역사》를 읽어보겠습니다. 스티븐 호킹이 현대 물리학의 갖가지 이론들을 해설하고 거시적 세계에 대한 일반 상대성이론과 미시적 세계에 대한 양자역학을 통합하려는 자신의 연구에 관해 설명하고 있는 이 책은 40여 개 언어로 번역 출간되어 전세계적으로 1,000만 부 이상 팔린 대표적 과학교양서라고 할 수 있지요. 신비한 우주를 방대한 내용으로 살펴보고 있는 이 책 중에서 별의 생성과 소멸 과정에 대한 부분을 볼까요.

〉〉 엄청난 양의 가스(대부분 수소)가 자체의 인력 때문에 스스로 붕괴하기 시작할 때 별이 형성된다. 가스가 응축하면서, 가스의 원자들

은 점점 더 빈번하게 충돌을 일으키고 그 충돌속도는 점차 빨라진다—이 과정에서 가스는 가열된다. 결국 가스는 수소원자들이 충돌했을 때 더 이상 서로를 튕겨내지 못할 정도로 높은 온도에 도달하고, 그리하여 수소원자들이 융합해서 헬륨이 형성된다. 그리고 이 반응에서 방출된 열—이 열은 제어된 수소폭탄의 폭발과 흡사하다—이 별을 빛나게 만든다. 또한 이 추가적 열은 인력과 균형을 이룰 때까지 가스의 압력을 증가시키고, 마침내 가스의 수축은 정지하게 된다. 별은 풍선과 흡사하다—풍선의 경우, 풍선을 팽창시키려는 안쪽 공기와 풍선의 팽창을 막으려는 고무의 장력張力 사이에서 균형이 이루어진다. 별은 이런 상태로 핵반응에서 나오는 열과 중력의 인력이 균형을 이루면서 상당히 오랜 기간 동안 안정을 유지할 것이다. 그러나 결국 별은 수소를 비롯한 그밖의 핵연료를 모두 소모하게 된다. 역설적이게도, 별이 처음 생성될 때 더 많은 연료를 가지고 있을수록 더 빨리 연료를 소비한다. 그 이유는 별의 질량이 더 클수록, 중력의 인력과 균형을 이루기 위해서는 더 뜨거워질 필요가 있기 때문이다. 그리고 온도가 높을수록 더 빨리 연료를 소비하게 된다. 우리의 태양은 앞으로도 50억 년 동안 사용할 연료를 가지고 있다. 그러나 태양보다 질량이 더 큰 별들은 고작 1억 년이면 연료를 모두 소진하게 된다. 1억 년이면 우주의 나이보다도 훨씬 짧은 기간이다. 별이 연료를 모두 사용하면, 냉각되면서 수축하기 시작한다. 《

별이 빛나는 것은 밤하늘을 밝히기 위해서가 아닙니다. 연인들의 낭만을 위해서 반짝이는 것은 더더욱 아니지요. 별은 자신의 에너지를 소모

하는 과정에서 빛을 냅니다. 갖고 있던 에너지를 써버리면서 점차 고갈되어감에 따라 빛이 발산되는 거지요. 빛이란 에너지 소진의 증거이기도 한 겁니다. 그리고 별빛은 팽창하는 과정이 아니라 수축하는 과정이나 수축과 수축 사이의 한시적 안정 상태에서 발생하기도 합니다.

영화감독과 코미디언으로서 활발하게 활동하고 있는 기타노 다케시는 자신의 책에서 이렇게 밝힌 바 있지요. "물체는 심하게 흔들리면 그만큼 마찰이 커진다. 인간도 심하게 움직이면 열이 난다. 옆에서 보면 분명 빛나고 있는 인간이 부러워 보일 것이다. 하지만 빛나고 있는 본인은 뜨거워서 견딜 수 없다."

떨어져서 보면 무척이나 화려해 보이는 삶이라도, 그 속내를 들여다보면 그 휘황함이 사실은 격렬한 에너지 소모와 붕괴의 흔적인 경우가 적지 않습니다. 무거울수록 그리고 뜨거울수록 더 빨리 땔감을 써버리고 마는 별의 경우에서 보듯, 더 많은 에너지를 태울수록 더 강한 빛이 발산되고, 그에 따라 빛날 수 있는 시간은 더 짧아지기도 합니다. 그러니까, 빛은 결코 행복의 증거가 아닙니다.

● **우리는 사랑일까**, 알랭 드 보통 지음

신선한 진부함

위트와 교양을 겸비한 작가 알랭 드 보통의 책들을 많은 분들이 좋아하시지요. 그 중 《우리는 사랑일까》는 사랑과 삶에 대한 알랭 드 보통 특유의 사색과 상념의 궤적들을 엿볼 수 있는 흥미 있는 소설입니다. 각종 철학적 개념과 문학, 영화 등을 인용 또는 차용하면서 낭만적 사랑을 꿈꾸는 주인공 앨리스와 그녀의 남자친구 에릭 사이에서 벌어지는 일련의 사건을 펼쳐 보이고 있는데요, 이상적인 사랑이 현실 속에서 어떻게 성숙해가고 변화하는지를 유쾌하면서도 날카롭게 서술하고 있습니다. 그 중에서 창작자의 묘사 방식에 대한 단상을 담은 구절을 소개합니다.

>> 시적 연상의 형식은 적절한 세부 사항들을 잘 모아낸다. 유명

한 "Heureux, comme avec une femme(한 여자와 함께인 듯 행복하게)"라는 랭보의 시구를 보면, 아주 단순한 표현으로 사랑의 한 상태를 콕 집어냈다. 이 구절은 자칫 진부하게 여겨질 수 있으나, 보편성을 띤다. "한 여자〔또는 한 남자〕와 함께인 듯 행복"해본 사람이라면 누구나 이 구절을 읽고 갈색으로 바랜 추억의 창고에 가 닿을 수 있다―누군가는 침대에서 먹은 아침 식사의 추억을 떠올리고, 또 누군가는 일요일 오후 마레 지구를 거닐던 일, 손을 잡고 반호프 거리를 걷거나 니혼바시에서 애무하던 일을 회상할 것이다.

하지만 랭보가 '입생로랑 옷을 입은 여자와 함께 생제르맹 대로에 있는 카페 플로르(유명 예술인들이 다녔다는 파리의 유명한 카페―옮긴이)에서 카푸치노를 마시며 〈피가로〉지를 읽는 듯이 행복하게'라고 썼다면, 세상 사람 대부분은 이 구절에 이질감을 느꼈을 것이다. 파리에 머무른 적이 있고, 명품 의상을 입는 여자들을 좋아하고, 사르트르가 즐겨 가던 카페에 자주 가봤고, 프랑스의 유력 우익 신문을 읽으면서 커피를 맛본 사람들만 향수를 느끼며 한숨을 짓고 "그 시절이 생생하네……"라 말하리라. 《

작가는 특정 상황을 묘사할 때마다 고민에 빠지기 마련이지요. 그전까지 수많은 작가들이 자신의 작품들 속에서 묘사해왔던 유사한 상황에 대한 서술과 다른, 자기만의 표현을 찾아내야 하기 때문입니다. 그렇게 하지 못하고 이전까지 흔히 사용되어온 묘사 방식을 반복할 때, 그런 표현은 진부하고 상투적이며 판에 박은 화법이라며 비판받게 되지요. 하지만 일상에서든 작품 속에서든, 특정 표현이 자주 쓰인다면, 그건 사실 그런 묘사가 사람들에게 가장 쉽게 이해될 수 있기 때문이기도 합니다. 따지고 보면 상투적이고 판에 박은 표현은 모두 처음에는 정확한 표현이고 효과적인 표현이기에 사용되기 시작했을 것이고, 바로 그런 이유 때문에 오랜 세월에 걸쳐서 반복되어 활용되었을 것이며, 그렇게 너무 많이 썼기에 오늘날 진부하게 느껴지는 것이겠지요.

예를 들어 웃음꽃이란 말은 사실상 비유법으로 거의 생명이 다한 표현일 겁니다. 수많은 사람들이 수도 없이 사용해서 관성의 때가 두껍게 내려앉아버렸기 때문에 웃음꽃이라는 말은 이제 더 이상 웃음에 대한 신선한 비유가 되지 못하는 거지요. 하지만 되짚어 생각해보면, 웃음을 처음 꽃에 비유해낸 사람은 정말 천재가 아니었을까요. 그 말이 그토록 많이 쓰여 진부해져버린 것은 웃음과 꽃을 연결해낸 최초의 언어적 발상이 그만큼 효과적이었기 때문이 아닐까요.

결국 가장 진부하고 가장 상투적인 표현도 그것이 처음 만들어졌을 때는 가장 신선하고 가장 효과적인 표현이었을 겁니다. 그리고 이제는 넌더리가 나도록 지겨워진 일도, 닳고 닳은 행동과 뻔한 습관으로만 간신히 이어지고 있는 사랑도, 그 시작은 두근거림이었겠지요.

생의 이면, 이승우 지음

사랑의 기술

저는 세월이 좀더 흐른 후 노벨문학상을 받을 만한 한국 소설가로 이승우씨를 제일 먼저 떠올리곤 하는데요, 그의 작품들 중에서도 장편소설《생의 이면》을 첫 손가락에 꼽습니다. 제가 이승우씨의 소설들을 유난히 좋아하는 이유는 그가 던지는 질문의 치열함 때문입니다. 이 땅의 많은 작가들이 특정한 캐릭터를 창조하는 일에 골몰하지만, 이승우씨는 인간 자체에 대해 끊임없이 질문을 던집니다. 그처럼 원형적이고 웅대한 비전을 갖고 지치지 않은 채 묻고 또 묻는 작가의 작품을 계속 읽을 수 있다는 것은 저 같은 독자에게는 축복 같은 일이겠지요. 연작 소설 형식의《생의 이면》중에서 사랑에 대한 단상을 담은 부분을 읽어봅니다.

>> 우리는 어렵지 않게 이 사랑의 불구성不具性을 짐작할 수 있다. 그는 사랑을 받지 못했고, 배우지도 못했다.

사랑도 배워야 하는가. 일찍이 에리히 프롬이 그런 질문을 무색하게 만드는 발언을 했다. 인간은 삶에 필요한 모든 기술을 습득하려고 한다. 예컨대 돈을 벌거나 명성을 얻거나 출세를 하기 위해서는 기술을 배워야 한다고 생각하고 실제로 그렇게 한다. 그런데 왜 사랑에 대해서는 그렇게 하지 않는가. 그것은 사랑에 대한 생각이 잘못되어 있기 때문이다. 대부분의 사람들이 사랑처럼 수월한 것은 없다거나 사랑은 자연발생적인 것이므로 따로 노력할 필요가 없다는 따위의 안이한 생각에 빠져 있다. 사랑에 실패하는 사람은 많지만, 사랑에 대한 자신의 능력 부족이 실패의 원인이라고 인정하는 사람은 거의 없다. 사랑을 유쾌한 감정놀음이나 우연한 몰입쯤으로 이해하기 때문이다. 사랑을 그렇게 이해하는 한 배우려 하지 않을 것은 당연하다. 하지만 그것은 틀린 생각이다. 사랑에도 기술이 있다. 살아가는 데 필요한 기술들을 배우고 익혀야 한다면, 사랑이야말로 그래야 할 것이다. 왜냐하면 사랑보다 더 소중하고 가치 있는 것은 없기 때문이다. 사랑을 배우지 않을 때, 종종 사랑은 흉기가 되어 사람을 상하게 한다.

우리의 주인공이 그렇다. 사랑의 기술을 습득할 기회가 없었기 때문에 그는 자기 감정을 제대로 통제하지 못한다. 그의 사랑은 감정이라는 바다에 키나 돛도 없이 둥둥 떠다니는 허술한 풍선風船과 같았다. 격랑이 일면 크게 요동을 쳤고, 파도가 잔잔해지면 부드럽게 흔들렸다. 그는 애인을 향한 돌발적인 신경질과 유아적인 투정을 사랑의 표현인 양 오해했다. 그는 집착과 사랑을 구분할 수 없었다. 열정과 사랑의 차이에 대해서도 마찬가지로 무관심했다. 그는 사랑이라는 것이 상당한 노력과 의지를 필요로 하는 고도의 기술임을 끝끝내 이해하려고 하지 않았다.

그러니까, 사랑에도 재능이 필요하고 사랑에도 기술이 필요하며 사랑에도 학습이 필요합니다. 사랑의 감정 자체는 가슴속 깊은 곳에서 저절로 솟아나지만 그렇게 일어난 사랑을 이어가기 위해서는 노력이 필요합니다. 흔히 사랑이라는 미명하에 통제되지 않고 들끓는 채로 쏟아내는 뒤틀린 격정 모두를 이상화하는 경향이 있지요. 하지만 문제는 사랑이 나 혼자서만 하는 게 아니라는 겁니다.

사랑에 필요한 기술을 익혀야 하는 이유에 대해서 《생의 이면》에서는 사랑보다 더 중요하고 가치 있는 것은 없기 때문에 그렇다고 말하지만, 저는 거기에 덧붙여 이렇게 말하고 싶습니다. 그것은 사랑이란 단순한 감정이 아니라 관계이기 때문이라고요. 사랑은 내 안에 있거나 상대의 마음속에 있는 것이 아니라, 나와 너 사이의 좁혀지기도 하고 넓혀지기도 하는 공간에 불안정하게 존재하는 것인지도 모릅니다.

끊임없이 흔들리는 그 조그맣고 불안정한 공간과 모든 것을 변화시키며 흘러가는 시간의 흐름 속에서, 사랑을 지켜내기 위해 필요한 것은 열정이 아니라 노력이고, 본능이 아니라 본능을 넘어선 태도입니다. 관계에 대한 모든 것은 배워야만 하고 갈고닦아야만 하지요. 그건 사랑 역시 예외가 아닙니다.

● **세월**, 마이클 커닝햄 지음

마지막 기회

니콜 키드먼, 줄리언 무어, 메릴 스트립 등 배우들의 연기가 돋보이는 〈디 아워스〉는 제 마음의 영화 중 한 편이기도 합니다. 이 영화의 원작은 미국 작가 마이클 커닝햄의 《세월》인데요, 버지니아 울프의 소설 〈세월〉과 〈댈러웨이 부인〉를 변주하여 1920년대 영국에서 1990년대 미국까지, 서로 다른 시간을 살아가는 세 여성의 하루를 번갈아 묘사하는 독특한 방식의 작법을 보이는 작품이지요. 커닝햄은 이 소설에서 결국 우리 생의 시간들이 얼마나 부서질 듯 연약한 지반 위에 서 있는 것인지를 섬세하게 그려내고 있습니다. 그 중에서 옛 연인이자 오랜 친구인 리처드의 죽음을 눈앞에서 목도하게 된 클라리사의 심정에 대한 부분을 옮겨보겠습니다.

>> 그녀는 부드럽게 그의 어깨에서부터 연약한 그의 등이 휘어진 부분을 따라서 손을 쓸어 내린다. 떳떳하지 못한 마음으로, 마치 어떤 금지된 행동을 하는 것처럼, 그녀는 몸을 굽혀 자신의 이마를 그의 척추에 대어 본다. 그 척추가 어떻게든 아직 그의 것으로 남아 있을 때, 어떻게든 그가 아직 리처드 워싱턴 브라운으로 남아 있을 때. 그녀는 옷의 쿼쿼한 플란넬 냄새를, 목욕을 하지 않은 그의 살의 포도주 맛 같은 톡 쏘는 냄새를 맡을 수 있다.

그에게 말을 걸고 싶지만, 이제 더 이상 그렇게 할 수 없다. 그저 머리를 살짝 그의 등에 대어 볼 뿐이다. 만약 말을 걸 수만 있다면 그녀는 그가 어떻게 하여 창조에 대한 용기를 잃지 않았는지에 대해서, 그리고 아마도 이것이 가장 중요할 텐데, 수십 년 동안 한결같이 거센 비난에도 불구하고 어떻게 남다른 사랑을 할 용기를 가졌는지에 대해서 무엇인가를—어떤 말을 할지 꼬집어 말하지는 못하지만—말할 것이다. 아울러 그녀 자신은 그에 대한 보답으로 그를 사랑했고, 정말로 무지무지 사랑했으면서도 30년도 더 전에 어느 길모퉁이에서 그를 떠나야 했던(그리고 사실 그 외에 그녀가 할 수 있었던 일이 달리 뭐가 있었을까?) 사연에 대해 그에게 말하고 싶다.

그녀는 비교적 일상적인 삶에 대한(대부분의 사람들이 갈망하는 삶 그 이상도 그 이하도 아니다) 그녀의 욕망을, 그리고 그가 그녀의 파티에 나타나 손님들이 보는 앞에서, 그의 헌신을 드러내 보여 주기를 자신이 얼마나 간절히 원했는지에 대해서도 고백하고 싶어진다. 결국에는 그가 죽는 날로 확인되고 말 바로 그날에도 그의 입술에 입맞추기를 주저하고서,

혼자 마음속으로는 오직 그의 건강을 위해서 그렇게 했노라고 자위했던 사실에 대해서도 용서를 빌고 싶다. 《

갑작스러운 리처드의 죽음 앞에서 클라리사가 가장 안타까워했던 것은 하고 싶은 말들을 하지 못했다는 사실이었습니다. 그 말들 속에는 진실로 당신을 사랑했다는 말도 있었고, 미안함을 전하는 사과의 말도 있었지요. 하지만 클라리사는 리처드가 그날 그 시간에 그렇게 떠나갈 줄 몰랐기에 그 말들을 하지 않았습니다. 그건 그런 말들을 할 시간이 아직 자신에게 남아 있는 줄 알았기 때문입니다.

　세상을 떠나시기 일주일 전, 아버지를 뵈러 댁에 갔다가 가족들과 함께 저녁을 먹고 인사를 드린 후 나왔습니다. 그런데 기력이 없으셔서 식사도 하지 못한 채 침대에 누워만 계시던 모습에 너무나 마음이 아파 다시 아버지 방에 들어갔습니다. 그러고는 몸을 웅크린 채로 옆으로 누워 계시던 아버지를 안고서 한 번 더 인사를 드렸습니다. 저도 모르게 입에서, "아버지, 사랑해요"라는 말이 나오더군요. 그러자 아버지께서는 아주 작은 목소리로 제게 말씀하셨습니다. "여한은 없다." 그리고 며칠 뒤 병원 중환자실에서 세상을 떠나셨습니다. 그때는 몰랐지만, 그 대화는 저와 아버지가 마지막으로 나눈 말이었습니다.

　아버지가 떠나신 뒤 장례를 치르고 나니, 마음속이 온통 회한으로 가득 찼습니다. 아버지께 제가 잘못했던 수많은 일들이 끝없이 머릿속에서 반복해 상영되는 듯했습니다. 하지만 자책으로 괴로운 가운데에서도 그 마지막 대화는 제게 큰 위로가 되었습니다. 스물을 넘긴 후부터는 어쩐지 민망해서 단 한 번도 입 밖으로 아버지께 말씀드려본 적이 없었던 "아버지, 사랑해요"라는 말을 어쨌든 그날 제가 할 수 있었던 게 얼마나 다행스럽게 여겨졌는지 모릅니다. 그리고 아버지께서 제게 해주신 "여한은 없다"란 마지막 말씀이 얼마나 고맙게 여겨졌는지 모릅니다. 제게는 유난히도 안 풀렸던 것으로 보였던, 그래서 한이 참 많으셨을 것으로 보였던 아버지의 인생이기에, 그 말씀은 의외였고 그만큼 더 감사했습니다. 그 대화는 아버지가 제게 마지막으로 주신 진정으로 귀한 선물이었던 겁니다.

모든 것이 끝나고 난 뒤, 결국 마음에 남는 것은 마지막 모습입니다. 마지막 순간에 우리가 했던 행동, 마지막 순간에 우리가 나누었던 말들이 긴 시간 동안 마음의 우물에서 계속 울려대는 것이지요. 하지만 안타까운 것은 마지막을 통과하고 있는 그때, 우리는 그 순간이 마지막이라는 걸 알기 어렵다는 겁니다.

그러니 마음속에 담아두고 있는 감사와 사랑의 말이 있다면, 가능한 한 매순간 하고 살아가야 하는 게 아닐까요. 어쩌면 지금 이 순간이 우리에게 찾아온 마지막 기회인지도 모르니까요. 그리고 우리는 끝이 한참 지나고 나서야 그게 끝이었다는 것을 뒤늦게 깨닫는 존재니까요.

혼불, 최명희 지음

반 뼘의 빈 자리

최명희씨의 대하소설 《혼불》을 꺼내듭니다. 작가가 집필하는 데 17년의 세월을 고스란히 바쳤던 《혼불》은 무려 원고지 분량으로 1만 2,000장이나 되지요. 이 작품은 작가의 이른 죽음으로 끝내 미완성으로 남아 있지만, 일제 말 전라도 남원을 배경으로 3대에 걸친 사람들의 이야기를 통해 한국인의 전통적인 삶의 풍경을 가장 세밀하고도 서정적으로 그려낸 작품으로 평가받으며 한국 문학사의 값진 수확으로 평가받는 소설입니다. 인류학적이고 민속학적인 가치도 크겠지요. 이 기나긴 소설이 처음 시작되는 도입부를 읽어볼게요.

>>   그다지 쾌청한 날씨는 아니었다.

거기다가 대숲에서는 제법 바람 소리까지 일었다.

하기야 대숲에서 바람 소리가 일고 있는 것이 굳이 날씨 때문이랄 수는 없었다. 청명하고 볕발이 고른 날에도 대숲에서는 늘 그렇게 소소簫簫한 바람이 술렁이었다.

그것은 사르락 사르락 댓잎을 갈며 들릴 듯 말 듯 사운거리다가도, 솨아 한쪽으로 몰리면서 물 소리를 내기도 하고, 잔잔해졌는가 하면 푸른 잎의 날을 세워 우우우 누구를 부르는 것 같기도 하였다.

그래서 울타리 삼아 뒤안에 우거져 있는 대밭이나, 고샅에 저절로 커오르는 시누대, 그리고 마을을 에워싸고 있는 왕댓잎의 대바람 소리는 그저 언제나 물결처럼 이 대실〔竹谷〕을 적시고 있었다.

근년에는 이상하게, 대가 시름거리며 마르기도 하고, 예전처럼 죽순도 많이 나지 않아, 노인들 말로는 대숲이 허성해졌다고 하지만, 그러나 아직도 하늘을 가리며 무성한 대나무들은 쉬흔 자의 키로 기상을 굽히지 않은 채 저희들끼리 바람을 일구는 것이었다.

전에 누군가가 그 소리를 들으면서, 대는 속이 비어서 제 속에 바람을 지니고 사는 것이라, 그렇게 가만히 서 있어도 저절로 대숲에는 바람이 차기 마련이라고 말한 일도 있었다. 《

얼마 전 돌아가신 아버지 이야기, 한 번만 더 할게요. 올 초 저희 집에 들르셨던 아버지께서 읽을 만한 책을 빌려달라고 하셨습니다. 대부분의 시간을 댁에서 보내시기에 책 읽을 시간이 넉넉하실 것 같아서 모두 열 권이나 되는 《혼불》의 처음 세 권을 드렸습니다. 그런데 그 직후 아버지는 감기에 걸린 줄 아시고 가벼운 마음으로 병원에 가셨다가 폐암 말기 판정을 받으셨습니다. 아버지가 돌아가신 후 유품을 정리하면서 서가를 살펴보던 중, 제가 드렸던 《혼불》세 권이 고스란히 꽂혀 있는 걸 보았습니다. 병원에서 곧 투병 생활을 시작하신 아버지는 결국 그 책을 한 페이지도 넘기지 못하셨던 겁니다. 그 책을 다시 가져와 제 서재의 원래 자리에 꽂으려고 하니, 딱 세 권의 폭만큼 남아 있는 책꽂이의 빈 자리가 그렇게 마음이 아프더군요. 그건 아버지가 우리 집에 남기신 반 뼘의 빈 자리였죠. 그러니까 이제 저는, 아버지와 책을 연결 지어 생각하면 아마도 아버지가 끝내 읽지 못했던 《혼불》을 가장 먼저 떠올릴 것 같습니다.

누군가 세상을 떠나면 우리는 그 사람의 인생을 그 사람이 살면서 이루어낸 일들로 이야기하고는 합니다. 하지만 한 사람의 삶을 가장 잘 말할 수 있는 것들은 어쩌면 그 사람이 성취한 것들이 아니라 성취하지 못한 것들, 간절히 손에 쥐기를 소망했지만 끝내 그렇게 하지 못하고 흘려보낸 것들이 아닐까요. 속이 비어 있기에 조금만 바람이 불어도 숲 전체가 흔들려 온통 허한 소리를 쏟아내는, 그렇게 마음의 빈 자리를 앓는 것으로 스스로의 존재를 가장 잘 알리는 대나무들처럼 말입니다.

이루지 못한 꿈들, 끝내 닿지 못하고 멀어져간 순간들, 보고 싶어도 볼 수 없었던 얼굴들……. 그러니까 모든 그리운 것은 부재를 통해서 가장 생생하게 존재 증명을 하기 마련이고, 그런 그리움이야말로 누군가의 마음속 가장 깊숙한 곳에 웅크린 채 자리 잡은 가장 근원적인 감정일 테니까요. 이뤄내고 성취한 것들만 가지고 이야기한다면, 거기에

그리움이 깃들 자리는 없지 않을까요.

  제 아버지가 끝내 넘기지 못하셨던 《혼불》 1권의 첫 페이지 첫 문장을 다시 읽어봅니다. "그다지 쾌청한 날씨는 아니었다." 이어서 이 소설 10권의 마지막 문장을 읽어봅니다. "그 온 몸에 눈물이 차오른다." 미완의 작업을 통해 문학사에 거대한 흔적을 남긴 작가. 그러고 보니 최명희씨 역시 17년의 세월을 고스란히 쏟아 붓고도 이 기나긴 소설을 끝내 완성하지 못했네요.

● **신의 궤도**, 배명훈 지음

세상에 턱걸이하기

《신의 궤도》는 연작소설집 《타워》로 주목받은 배명훈씨의 첫 장편소설입니다. 지금으로부터 무려 15만 년 후의 나니예 행성이라는 곳에서 벌어지는 이야기를 다루는 SF 소설인데, 하나의 거대한 세계를 창조해내는 상상력과 여전히 그 속을 빼곡히 채우고 있는 인간사의 문제들을 파고드는 돌파력 모두 돋보입니다. 한국 문단에서 흔히 볼 수 없는 스타일의 독창적 소설이라는 측면에서 더욱 흥미로운 작품이라고 할까요. 지구로부터 날아간 주인공 은경은 한 번도 역도를 본 적이 없는 나니예 행성의 여자에게 그 경기에 대해 이렇게 설명합니다.

》　　"마지막으로 은경씨에게 그 궤도비행이란 건 어떤 의미인가

요?"

역도 같은 거.

"역도요?"

그런 운동이 있어요. 무거운 걸 들어올리는 운동. 누가 더 무거운 걸 들 수 있는지 겨루는 거예요. 그냥 그뿐이죠. 들었다 놨다, 소리 지르고 인상 쓰고. 그런데 사람들이 그걸 구경해요. 이상하죠? 예전에 그 역도 경기를 본 적이 있어요. 저게 뭐하는 짓이야, 하고 비웃으면서 보고 있는데, 뒤쪽으로 가니까 이상한 일이 일어나는 거예요. 그러니까 누구나 손쉽게 들 수 있는 무게가 아니라 모두가 각자의 한계 근처에 이르렀을 때 성공하고 실패하는 모습들을 보다보면 그 한계점이 보이기 시작하는 거예요. 그러다 1, 2위를 다투는 선수들이 등장하면요, 선수 개개인의 한계가 아니라 인류 전체의 한계선이 드러나는 거예요. 그걸 세계기록이라고 하는데, 이건 숫자로 환산할 수 있는 게 아니에요, 사실.

아무튼 최후의 승자가 결정되는 순간이 어떤지 아세요? 마지막 한 사람이 인류 전체의 한계선을 바닥에 놓아두고 그 앞에 서는 거예요. 그리고 소리를 크게 한 번 지르고는 자세를 낮춰서 역기를 잡아요. 몇 초쯤 있다가 그걸 들어올리는데, 그건 진짜 힘겹게 올라가지요. 부들부들 떨리면서 천천히. 그렇게 힘겹게 힘겹게 가슴 높이까지 들어올린 다음 서서히 몸을 일으키는 거예요. 역기의 무게감이 그대로 느껴지면서 언제든 다시 바닥으로 떨어질지 모른다는 위태로운 느낌이 계속돼요. 그렇게 겨우겨우 몸을 일으키면 그다음은 팔을 펴서 그 무게를 가능한 한 가장 높은 곳까지 들어올리는 거예요. 그런데 이것도 쉬운 게 아니에요. 힘으로만 하는 게 아니거든요. 그보다는 머리 위로 들어올린 역기와 땅 사이에 재빨리 몸을 집어넣은 다음 몸을 쭉 뻗으면서 겨우겨우 버텨내는 거랄까. 쉬운 일이 아니에요. 온몸으로 한계가 느껴지거든요. 그리고 역기가 정점에 머무는 순간은 기껏해야 이 초도 안 돼요. 그다음은 그냥 바닥에 툭 던져놓는 거예요. 그런데 그 짧은 순간에요, 그 사람이 정말 얼마나 훌륭해 보이는지 몰라요. 그걸 들어올리는 데 성공해서가 아니라 한계점 근처에 서 있었다는 것 때문에요. 진짜로 위대해지는 지점은 한계선을 넘어선 이후가 아니라 그 한계선 근처에서 부들부들 떨고 있을 때거든요. 사실은 거기가 더 높은 지점인 거죠. 저 위쪽 어딘가 한계를 넘어선 존재들이 유유히 떠다니는 곳보다 더.

우주왕복선을 타고 우주로 날아간다는 건 그런 거예요. 다시 바닥에 내려놓을 역기를 들어올리는 것. 절대로 쉽게 올라가는 게 아니거든요.

《

그러고 보면 역도는 무척이나 상징적인 스포츠인 것으로 보입니다. 무엇보다 역도는 있는 힘을 다해 밀어 올린 후 일정 시간 동안 반드시 버텨내야 하는 경기니까요. 육중한 바벨 아래서 두 팔을 치켜든 채 간신히 견뎌내는 선수의 처지는 삶을 짓눌러오는 무게를 온 몸으로 지탱해야 하는 경험들을 저절로 떠올리게 합니다. 함께 들어줄 누군가는 있을 수 없는 대신 팔짱을 끼고 지켜보는 구경꾼들은 눈앞에 즐비한 상황에서, 한계에 도달해 얼굴이 온통 일그러지더라도 바벨을 내려놓을 수는 없는 생의 어떤 순간들 말입니다. 역도에서 절실하게 느껴지는 것은 우리 중 가장 강해 보이는 역사力士의 강인함이 아니라, 그렇게 강한 인간조차도 한계 앞에서 안간힘을 쓰며 부들부들 떨 수밖에 없는 나약함인지도 모릅니다.

결국 우리 모두는 시간 앞에서 패배합니다. 설혹 그 순간에 안간힘을 쓰며 버텨냈다고 해도 그런 상황은 다시금 찾아오기 마련이고, 그때는 좀더 무거운 바벨을 거듭 들어올려야만 합니다. 그러다가 결국 언젠가는 바벨을 내려놓거나 떨어뜨린 후 경기장 바깥으로 퇴장해야 할 때가 찾아오겠지요.

하지만 《이 모든 극적인 순간들》이라는 책에서 소설가 윤대녕씨는 이렇게 밝힌 바 있지요. "내게 있어서 소설을 쓰는 일은 세상에 턱걸이를 하는 일이었다……. 자진해서 세상 밖으로 나갈 생각이 아니면 어쨌든 턱걸이를 계속해야 한다. 세상과 매끈하게 어울리는 재주는 없으나 땀을 흘리고 뛰어와야 안으로 들여보내 준다는 건 안다. 그러나 입장권을 얻기 위해 고개를 숙이지는 않는다. 그것이 내가 문학을 하는 진짜 이유인지도 모르겠다."

《신의 궤도》에서 여주인공인 은경이 그렇게 느꼈듯이, 한계선 근처에서 스스로의 연약함을 고스란히 드러내면서도 끝끝내 버텨내려 할 때, 비로소 인간은 숭고해질 수 있습니다. 먼 훗날의 결정적 패배가 예감된다고 해도, 그리고 지금 이 순간의 바벨 들어올리기나 턱걸이하기가 일시적인 성공에 지나지 않을지라도 말입니다.

● **미술시간에 가르쳐주지 않는 예술가들의 사생활**, 엘리자베스 런데이 지음

비릿한 충고

다양한 예술 장르를 넘나들면서 저술 활동을 하고 있는 엘리자베스 런데이의 《미술시간에 가르쳐주지 않는 예술가들의 사생활》을 읽었습니다. 얀 반 에이크부터 잭슨 폴록과 앤디 워홀까지, 서양의 대표적인 화가들 서른다섯 명의 삶을 에피소드 중심으로 엮어놓은 책이에요. 딱딱한 미술 사조나 기법에 대한 것보다는 제목 그대로 미술 교과서에는 나오지 않는, 위대한 화가들이 벌였던 사소한 해프닝들 위주로 서술하고 있어서 책장이 쉽사리 넘어가지요. 그 중에서도 후기 인상파의 대표적인 화가이자 〈카드놀이 하는 사람들〉 등의 작품으로 유명한 폴 세잔에 대한 일화를 볼까요.

>> 어느 날 세잔이 센 강에서 그림을 그리고 있을 때였다. 지나가던 행인이 걸음을 멈추고 그의 그림을 들여다보았다. 행인은 세잔의 밝은 색채와 진한 선들을 아마추어의 미숙한 솜씨로 오인하고, 그에게 다정하게 말을 걸었다.

"그림을 그리고 있군요."

"물론이죠. 하지만 별것 아니에요."

"이봐요, 나는 이전에 장 밥티스트 카미유 코로(미술원이 좋아하던 화가)한테서 그림을 배웠소. 당신이 허락한다면 내가 약간의 숙련된 붓질로 당신을 도와줄 수 있을 것 같소만."

그 남자는 붓을 빼앗아 들고서는 세잔의 밝은 색채와 거친 선들을 고치기 시작했다. 세잔은 수정된 자신의 그림을 보고는 팔레트나이프를 집어들었다. 그러고는 남자가 덧칠한 부분을 모조리 긁어버렸다. 그는 요란하게 방구를 뀌더니 그 신사를 돌아보며 말했다.

"아, 시원하다." 《

그 행인은 성격 이상한 아마추어 화가 한 명을 만나 시간 낭비만 했다고 생각하고 돌아갔겠지만, 19세기 인상파를 대표했던 위대한 화가 폴 세잔은 그런 일을 겪고 정말 얼마나 황당했을까요. 사실 세잔은 자신을 알아주는 사람에게는 더없이 화끈하게 감사를 표하는 화가였다고 하지요. 젊은 시절, 우연히 스쳐 지나가던 사람이 자신의 풍경화를 칭찬하자 그 자리에서 그 그림을 줘버리기도 했으니까요.

세잔이 파리의 센 강변에서 겪은 일화는 충고를 할 때 얼마나 조심해

야 하는지를 잘 말해줍니다. 상대가 청하지 않았는데도 자진해서 던지는 충고는 특히 그렇습니다. 세네카는 "알고 있는 자에게 하는 충고는 낭비요, 알지 못하는 자에게 하는 충고는 부적절하다"고까지 말한 적이 있지요. 역지사지를 기본으로 한 충고가 있어야 할 곳은 당연히 충고받는 사람이 서 있는 그 자리이거나 바로 옆자리이어야 합니다. 그러나 많은 경우, 충고는 그 자리보다 훨씬 더 높은 곳에 올라서 있습니다. 센강변을 지나다가 세잔의 그림을 보았던 그 행인이 그랬듯이 말이지요. 도움을 준다는 미명하에 행해지는 따뜻한 충고 뒤에 일렁이는 것은 종종 비릿한 우월감입니다.

─── ● **가짜 논리**, 줄리언 바지니 지음

원칙의 함정

영국의 철학자 줄리언 바지니가 쓴 《가짜 논리》는 주변에서 흔히 접할 수 있는 논리적 오류들에 대해서 설명함으로써 올바른 사고에 필요한 것은 무엇보다 끊임없이 묻고 의심하는 태도임을 알려주는 책입니다. 유명인들이 신문이나 방송을 통해 피력한 주장 등을 일일이 예로 들어가면서, 그 발언이 어떤 논리적 허점을 갖고 있는지 공박하는 방식으로 저술되어 있어서 내내 흥미롭게 읽을 수 있지요. 그 중에서 선택과 정당화의 문제를 다룬 부분을 읽어보겠습니다.

>> 착취당하는 이 세상 모든 사람들 때문에 밤잠을 설친다면, 걱정도 팔자다. 물론 노예라면 얘기가 다르겠지만, 섹스 산업 종사자나 공장

의 저임금 노동자들, 총알받이로 투입되는 군인들, 하다못해 우리가 사용하는 화장실의 청소부에 대해서도 우리는 언제나 이렇게 말할 수 있다. 저들이 꼭 그 일을 해야 하는 건 아니라고. 그런데도 자신들의 의지로 선택한 일이라고.

이런 주장의 핵심에는 '고지告知에 따른 동의'라는 개념이 자리 잡고 있다. 누군가의 꾐에 빠져 매춘의 길에 들어섰거나 돈을 많이 준다는 애기를 듣고 갔는데 쥐꼬리만큼 받는 경우라면 애기가 다르다. 하지만 어떤 상황인지 잘 알면서 그 직업을 선택했다면 일이 아무리 위험하고 고되더라도, 각자 합리적인 선택을 한 것이니 그들의 비참한 처지를 우리가 걱정할 일은 아니지 않을까?

그럴 수만 있다면 우리로서는 양심의 가책을 덜 수 있으니, 반가운 소리다. 그러나 동의를 했으므로 아무 문제가 없다는 생각은 몇 가지 이유에서 오류가 있다.

첫째, 사람들이 가끔 끔찍한 선택을 하는 이유는 사실상 선택의 여지가 없기 때문이다. 매춘이 좋은 예다. 궁지에 몰려서 발을 들인 게 아니라 직업으로 그 일을 선택한 여성들도 없지는 않겠지만, 많은 경우엔 자포자기의 심정으로 뛰어든다. 물리적으로 강압하지만 않는다면 매춘이 착취가 아니라고 생각하는 남자들은 이만저만 착각이 아니다.

둘째, 그게 최선의 선택이라고 해서 불편하고 고통스러운 상황이 괜찮아지는 건 아니다. 예를 들어 개도국의 공장에서는 노동자에게 화장실을 다녀올 시간조차 넉넉히 허락하지 않고, 마실 물도 제공하지 않으며, 그 나라의 보건 및 안전 법규를 준수하지 않을 때가 많다. 그런데 그

지역의 노동자들에겐 이런 공장이나마 다닐 수 있는 게 최선의 선택이라고 해서 그런 상황을 외면해도 되는 걸까? 서구의 소비자들이 약간의 돈을 더 지불해서 이런 참담한 상황을 해소할 수 있다면, 그렇게 하지 않을 이유가 없지 않을까? 》

개인의 노력이나 자율성을 완전히 무시한 채 모든 책임을 사회 시스템에만 돌리는 것은 그다지 올바른 비판이라고 할 수 없을 겁니다. 하지만 시스템의 맹점이나 한계 혹은 비인간적인 특성에 눈 감고서 모든 게 다 개개인이 하기 나름이라고 단정 짓는 것은 더 큰 문제일 겁니다. 왜냐하면 한 인간이 내릴 수 있는 선택은 그야말로 매우 제한적인 환경 속에서 이루어지기 때문이지요.

두 가지 중 하나를 취해야 하는 사람과 열 가지 중 하나를 골라도 되는 사람에게 선택이 의미하는 바는 완전히 다릅니다. 제한된 시간 내에 반드시 결정해야 하는 사람과 시간적 여유를 갖고 있는 동시에 때에 따라서는 굳이 결정하지 않아도 되는 사람이 선택의 자유를 똑같이 누리고 있다고 할 수도 없겠지요.

바람직한 사회라면 선택의 폭이 좁은 사람에게 혜택이 집중되어야 하는 것은 당연한 일입니다. 사람에 따라 세상을 보는 관점이 낙관적일 수도 있고 염세적일 수도 있겠죠. 하지만 삶이란 본래 고통으로 가득 찬 것이라고 여기는 염세적 세계관을 갖는 것과 그 삶을 채우고 있는 개별적 고통을 줄이기 위해 노력하는 것은 논리적으로 전혀 별개입니다.

차갑고 기계적으로 보이는 논리에서조차 모든 문제들이 참과 거짓의 두 가지 대립항만을 갖고 있는 것은 아닙니다. 전면적으로 부정하거나 전체를 통틀어 긍정하지 않고도 더 나은 방식을 도출하는 것이 가능할 때가 많습니다. 그래서 알베르 카뮈는 이렇게 말을 했던 것이겠지요. "원칙은 큰 일들에나 적용할 것. 작은 일들에는 연민만으로도 충분하다."

● **행복의 지도**, 에릭 와이너 지음

행복에 대한 강박

《행복의 지도》는 미국의 저널리스트인 에릭 와이너가 쓴 이색 여행기입니다. '어느 불평꾼의 기발한 세계일주'란 부제가 붙어 있는 이 책에서 비관적인 성향을 타고난 저자는 상대적으로 행복해 보이는 10개국을 떠돌면서 행복의 의미를 집중적으로 탐구하지요. 에릭 와이너는 이를 통해 행복에 이르는 길이 하나가 아니라는 것과 행복은 개인적인 것이 아니라 다른 사람과의 관계에서 비롯되는 것이란 결론에 도달하게 되기도 합니다. 그 중에서 프롤로그 일부분을 읽어볼게요.

>>   나는 행복한 사람이 아니다. 행복했던 적이 없다. 어렸을 때, 〈아기 곰 푸Winnie the Pooh〉의 등장인물 중에서 내가 가장 좋아한 것은

이요르(늙고 우울한 당나귀 인형으로 푸의 친구—옮긴이)였다. 인류 역사를 살펴보면, 나 같은 사람이 정상이었던 때가 대부분이다. 이 지구 상의 삶에서 행복을 누릴 수 있는 것은 신과 소수의 행운아들뿐이었다. 하지만 오늘날에는 누구나 행복을 얻을 수 있다고들 생각할 뿐만 아니라, 행복을 당연한 듯이 기대하는 분위기다. 따라서 나를 비롯한 수많은 사람들이 현대의 독특한 질병으로 고생하고 있다. 바로 역사가 대린 맥마흔이 "행복하지 않은 마음의 불행"이라고 표현했던 병이다. 정말 재미없는 일이다.

그래서 다른 사람들과 마찬가지로 나도 행복해지려고 노력했다. 자기계발서를 읽을 때마다 마음에 들지 않은 적이 없었다. 내 책꽂이는 실존적인 고뇌에 바쳐진 기념물처럼 우뚝 솟아 휘청거리고 있다. 행복이 내 마음 깊은 곳에 있다고 말하는 책들을 가득 담은 채. 내가 행복하지 않다면, 그건 내가 마음을 아주 깊이 파헤쳐보지 않았기 때문이라는 게 그들의 충고다.

자기계발 산업의 이 가르침이 너무나 깊이 머릿속에 각인되어 있기 때문에 이제는 당연한 이치처럼 보일 지경이다. 문제는 하나뿐이다. 이 가르침이 진실이 아니라는 것. 행복은 우리 내면이 아니라 저 바깥에 있다. 아니 좀 더 정확히 말하자면, 저 바깥과 이 안쪽을 가르는 선은 우리 생각만큼 선명하지 않다. 《

행복이라는 말처럼 사람들이 좋아하는 단어도 드물겠지요. 트위터 멘션에서 자기계발서의 목차와 라디오 프로그램의 오프닝 멘트까지, 행복이나 사랑 같은 단어가 없다면 아마도 이 차가운 세상은 제대로 데워지지 않을 것만 같기까지 하죠. 참 소중하고 아름다운 말입니다. 하지만 아무리 좋은 단어라도 과용되고 나면 부작용이 생기기 마련이지요. 처음에는 행복이란 말이 이미 존재하고 있는 인간의 특정한 감정 상태 같은 것을 지칭하기 위해 만들어져 통용되었을 거예요. 하지만 지나치게 많이 거론되고 강조되면 그 단어가 뜻하는 관념 자체가 역설적으로 사람을 옥죄어버리는 순간이 올 수도 있다고 할까요.

행복이 지고지선의 가치로 알게 모르게 강요될 때, 행복 권하는 사회에서 종종 사람들은 자연스레 행복을 느끼는 게 아니라 행복이라는 표준적인 목표에 도달하기 위해 발버둥을 칩니다. 그리고 아직 그 목표에 도달하지 못한 현재의 시간들을 되돌아보며 불행해하지요. 17세기 영국 철학자 토머스 홉스는 행복은 그 속성상 하나의 욕망으로부터 다른 욕망으로 계속 나아가야 한다고 지적한 바 있습니다. 지속되는 행복은 행복으로 느껴지지 않는다는 거죠. 그러니 행복해야 한다고 굳게 다짐하면 할수록 인간은 현실에 만족하기 어렵고 계속 다른 영역이나 다음 단계를 기웃거릴 수밖에 없습니다. 미국의 심리학자 에릭 호퍼가 "행복 탐색이야말로 불행의 중요 원인 중 하나다"라고 말한 것도 충분히 이해될 수 있는 말이지요.

어쩌면 행복은 확고한 의지로 추구해서 도달할 수 있는 목표가 될 수 없는 것인지도 모릅니다. 성실하게 시간 속을 걸어가는 자에게 뜻하지 않게 주어지는 일상의 보너스 같은 것일 수도 있다는 것이지요. 행복을 앞에 두고서 일직선으로 내내 좇아 치달리다 보면, 어느새 행복이라는 관념 자체에 쫓기고 있는 자신을 발견하게 될 수도 있다고 할까요. 아무리 좋은 가치라도 그게 강박이 되는 순간, 그건 그저 어깨를 짓누르는 무거운 짐이 될 뿐입니다. 그러니 다시 생각나는 것은 결국 프란츠 카프카의 말입니다. "행복을 위해서는 침묵으로 충분할 뿐더러, 침묵이야말로 단 하나의 가능한 일이다."

아주 보통의 연애, 백영옥 지음

영수증의 기억

《아주 보통의 연애》는 주목받는 젊은 소설가 중 한 사람인 백영옥씨의 첫 소설집입니다. 백영옥씨는 《스타일》《다이어트의 여왕》 등에서 현대인의 보편적이면서도 제각각 특별한 일상의 단면을 생생하게 그려내어 주목 받았는데요, 데뷔 후 처음 내놓은 이 소설집에서 역시 특유의 감각을 잘 엿볼 수 있습니다. 모두 아홉 편의 단편들에는 '혼주연쇄살인사건'에 연루된 청첩장 디자이너, 유방암에 걸린 아버지, '올해 죽기로 한' 남자 등 은밀하고 미스터리한 사연을 가진 이들이 등장합니다. 각각의 이야기들이 모두 흥미롭지만 그 중 표제작 〈아주 보통의 연애〉 중 한 대목을 읽어봅니다.

>>   한 장의 영수증에는 한 인간의 소우주가 담겨 있다.
취향이라는 이름의 정제된 일상,
흡연처럼 고치지 못한 악습들,
다이어트를 의식하며 살아야 하는 삼십대 도시인의 정체성까지.
그날 밤 그는 일기를 쓸 필요가 없을 것이다.
그에겐 언제, 어디서, 무엇을, 왜, 어떻게 했는지에 대한 답이 있다.
육하원칙에 의한 선명한 일상.
그리고 연말정산이라는 이름의 집단적인 자기반성.
"이렇게 많이?"
부인하기도 하고,
"이런 덴 왜?"
의아해하기도 하며,
"아직도!"

육만오천원씩 꼬박꼬박 빠져나가는 육 개월 할부의 잔해를 보며 실패한 연애를 한탄한다.

영수증 안엔 대대적인 자기반성의 시간들이 밀봉되어 있다. 그러니까 '영수증 따위'라고 말할 수 있는 사람은 아무도 없다. 술 먹은 다음날, 화장실 변기에 쏟아놓은 끈적한 토사물처럼 영수증은 우리가 토해낸 일상을 투명하게 반영한다. 몇 개의 숫자, 몇 개의 단어로.

인생이 쓸데없이 길어지는 걸 비웃는,
기이한 미니멀리즘의 세계.   《

단편소설 〈아주 보통의 연애〉는 잡지사 관리팀에서 일하는 여성이 주인공이지요. 이 여성은 주로 기자인 직원들이 회사 카드로 쓴 비용의 영수증을 관리하고 처리하는 일을 합니다. 그 과정에서 자신이 속으로 좋아하고 있던 어느 남자 기자의 영수증 내역들을 따로 복사해서 은밀히 간직하기까지 합니다. 그게 그를 사랑하는 그녀의 방식이었던 것이지요. 말하자면 그녀는 영수증을 통해 그의 어떤 과거의 궤적들을 온전히 파악하고 있는 셈이니까요.

세금과 관련한 처리 때문에 저 역시 영수증을 모아둡니다. 그때그때 비용으로 처리할 수 있는 지출이 있으면 지갑에 영수증을 함께 넣어두었다가 이삼 주에 한 번씩 영수증함에 따로 옮겨두곤 하지요. 그러다 보니 신용카드와 지폐와 영수증이 함께 담겨 있는 제 지갑은, 앞으로 쓸 돈의 여백과 현재 가진 돈의 현황과 이전에 쓴 돈의 흔적이 어수선하게 공존하고 있는 듯한 느낌이에요. 지갑을 열면 돈의 미래와 현재와 과거를 한꺼번에 엿보는 기분이라고 할까요.

영수증이 말해주는 것은 소비자로서 나의 과거 행적에 대한 증명일 겁니다. 미국 미술가 바버라 크루거의 작품 속에는 'I shop therefore I am', 즉 '나는 소비한다. 고로 나는 존재한다'라는 글귀가 등장해 유명해졌지요. 영수증을 찬찬히 들여다보고 있으면 기분이 좀 이상해집니다. 처음에는 내가 썼던 금액에만 눈이 가지만, 곧 그 금액을 썼던 시간과 장소에 눈이 가게 됩니다. 그 중에서는 얼마 지나지 않았는데도 그게 언제 어떻게 돈을 쓴 건지 기억나지 않는 경우도 없지 않지요. 그러니까 바버라 크루거의 말을 염두에 둔다면, 시간이라는 X축과 공간이라는 Y축으로 만들어진 삶이라는 좌표평면에서, 내가 찍어나갔던 존재의 궤적들이 듬성듬성하긴 하지만 확실하게 그 영수증들에 찍혀 있는 셈입니다.

  시간이 흘러 내가 기억하지 못해도 영수증은 끝까지 기억합니다. 종이 영수증을 찢어버린다고 해도, 내가 영수했던 과거 어떤 자리, 그곳에서 내가 무언가를 소비했던 행동은 그게 회사든 가게든, 누군가의 컴퓨터에 오래오래 남아서 몇 바이트의 용량을 차지한 채 파일 더미 속에서 또렷하게 흔적을 새기고 있겠지요. 영수증에서 교통카드와 CC-TV와 블랙박스까지, 이제는 바람처럼 왔다가 구름처럼 살다가 이슬처럼 사라지는 인생을 사는 것은 불가능해져버린 시대인지도 모릅니다.

장인, 리처드 세넷 지음

생각하는 손

미국의 사회학자 리처드 세넷이 지은 《장인》을 펼쳐봅니다. '현대문명이 잃어버린 생각하는 손'이라는 부제를 가지고 있는 이 책은 장인(匠人)들의 노동의 역사를 통해 일이 현대인에게 어떤 의미를 지니고 있고 지녀야 하는지를 인상적으로 서술하고 있지요. 그리스 도공, 로마제국의 벽돌공, 중세의 석공, 르네상스 예술가부터 현대의 전문 직종에 종사하는 사람들까지 그야말로 '일하는 인간'과 그들의 '손'에 대한 다양한 접근과 시선을 엿볼 수 있습니다. 그 중 제2차 세계대전 말기에 원자폭탄을 만들어낸 미국의 로스앨러모스 연구소와 독일 출신의 철학자 한나 아렌트에 관한 이야기는 이 책의 바탕에 깔린 세넷의 생각을 잘 보여줍니다.

》   인류가 스스로를 파멸시킬 물건을 발명할 수 있다는 아렌트의 우려는 구미 문화의 뿌리인 그리스 신화의 판도라Pandora 이야기로 거슬러 올라간다. 판도라는 "명령을 어긴 프로메테우스를 처벌하려고 제우스가 지상에 내려 보낸" 발명의 여신이었다. 헤시오도스Hesiodos는 《노동과 나날Works and Days》에서 판도라를 "모든 신들이 모여 만들어낸 고약한 선물"로 묘사했다. 판도라가 전에 없던 신기한 것들로 가득한 그녀의 상자(이야기에 따라서는 단지라고도 나온다)를 열자 "고통과 악이 튀어나와 인간 세상에 퍼졌다"고 헤시오도스는 전한다. 그리스 문화가 자기 모습을 갖춰가는 동안 그리스인들 사이에는 판도라가 인간 내면의 한 속성이라는 생각이 점점 짙어만 갔다. 즉 인간이 만든 물건으로 구축된 문화는 항상 화를 자초할 위험이 도사리고 있다는 생각이다.

그야말로 인간 내면의 순진한 무엇이 이런 위험을 부를 수 있다. 호기심 많은 인간은 순전히 의혹과 흥분에 홀린 채 일을 저지르곤 한다. 그래서 판도라의 상자를 여는 것까지는 아무 탈이 없는 행위라는 근거 없는 이야기를 지어낸다. 로스앨러모스 프로젝트를 지휘했던 로버트 오펜하이머Robert Oppenheimer의 업무일지는 아렌트가 최초의 대량 살상 무기를 보면서 인용할 만한 내용이었다. 오펜하이머는 확신에 찬 어조로 이렇게 술회했다. "무언가 매력적인 기술이 눈에 띄면, 우리는 일단 달려들어 일을 벌인다. 그러고는 그 기술이 성공한 뒤에야 그것으로 무엇을 할지 따져본다. 원자폭탄은 이런 식으로 만들어졌다."   《

원자폭탄을 만들어낸 사람들에게 중요한 것은 최고의 신기술 자체였습니다. 새롭게 성공시켜야 할 기술적 목표에 대한 열광 속에서, 그 기술로 인해 어떤 엄청난 일이 발생할 수 있을지에 대한 고려는 뒷전으로 미뤄졌다는 거지요.

그러니까, 중요한 것은 일 자체가 아니라 그 일이 의미하는 바이고, 할 수 있느냐가 아니라 하게 될 경우 어떤 상황이 빚어지느냐입니다. 머리가 아니라 손이야말로 생각을 해야 합니다. 능숙한 손보다 더 가치 있는 것은 생각하는 손입니다. 왜냐하면 가장 처참한 비극은 능숙하기 이를 데 없지만 생각하지는 않는 손끝에서 빚어지니까요.

〈맹자〉에는 이런 구절이 나오지요. "화살 만드는 사람이라고 어찌 갑옷 만드는 사람보다 인자하지 못하랴. 그러나 화살 만드는 사람은 사람을 상하지 않게 될까 걱정하며 만들고, 갑옷 만드는 사람은 사람을 상하게 될까 걱정하며 만드느니라." 화살을 만들기보다는 갑옷을 만드는 손이 되기 위해서 필요한 것은 결국 생각일 것입니다.

● **쳇 베이커**, 제임스 개빈 지음

삶과 예술 사이에서

쳇 베이커만큼 영욕이 극단적으로 교차하는 삶을 산 사람도 드물겠지요. 제임스 개빈이 쓴 전설적 트럼펫 연주자 쳇 베이커의 전기인 《쳇 베이커》는 그의 삶이 남긴 얼룩으로 가득 차 있습니다. 〈마이 퍼니 발렌타인〉으로 잘 알려진 쳇 베이커의 음악 인생뿐만 아니라 그의 인간적인 면모를 풍부한 인터뷰와 자료를 통해 생생하게 복원하고 있는 이 책에는 '악마가 부른 천사의 노래'라는 부제가 붙어 있습니다. '천사 스스로 날개를 꺾다' '뉴욕이라는 이름의 유배지' '방랑자의 여로' '길 끝에는 아무도 없었다' '꿈꾸는 법을 잊어버린 사내' 등 소제목만 나열해도 이 전기가 보여주고 있는 쳇 베이커의 삶이 어떠했는지 짐작할 수 있지요. 그 중에서 그의 마지막 나날들에 대한 서술을 몇 군데 발췌해보겠습니다.

〉〉   마약 관련 상담가로도 활동하던 (가수) 데이비드 알린은 쳇 베이커 스스로 벗어나고픈 마음이 없다면 아무 소용없다는 사실을 누구보다 잘 알았다. 그리고 그에게 마약을 끊을 의지가 없다는 점 또한 명료했다. 잭 심슨이 쳇 베이커에게 왜 마약을 하느냐고 물은 적이 있었다. 그는 이렇게 대답했다. "이보게, 그게 내가 하고 싶은 일이기 때문이야. 만약 내가 배에 오른다고 가정해 보세. 그러면 그 배를 타고 온 세상을 다 돌아다니고 싶을걸. 원하는 모든 걸 다 손에 넣으면서 말이야. 알겠나? 난 내가 원하니까 마약을 하는 거야."

쳇 베이커가 진정으로 원한 것은 모든 책임을 회피하고 동시에 그에 대한 대가도 치르지 않는 것이었다.

(중략)

환각에 빠진 쳇 베이커는 브루스 웨버에게 전화를 걸어 이렇게 말했다. "이봐, 혹시 내게 무슨 일이 일어나면 말이야, 알지? 내 뒤를 쫓던 놈들이 있었다는 걸 잊지 말라고."

그러나 그를 파괴할 태세를 갖춘 유일한 존재는 바로 자기 자신이었다.

(중략)

쳇 베이커는 세상을 떠나기 얼마 전, 이런 말을 남겼다. "난 아무런 재산이 없네. 하다못해 은행 계좌 하나도 없지. 죽을 때가 되면 분명 땡전 한 푼 남아 있지 않을 거야. 하지만, 뭐 어떤가. 어차피 세상에 태어났을 때도 빈손이었는걸."   〈〈

쳇 베이커는 재능을 타고난 트럼페터였고, 수많은 이들의 사랑을 받은 싱어이자 스타였으며, 외모도 뛰어나 '재즈계의 제임스 딘'으로 불리기까지 했지만 비참하고도 기괴한 삶을 살았습니다.

쳇 베이커는 어린 아들이 떠들면 술을 먹여 잠잠하게 만들었던 아버지였습니다. 자신의 연인들에게 치사량의 헤로인을 강제로 주사해 죽음의 문턱까지 가게 한 남자였습니다. 마약을 구하기 위해 아내가 다른 이에게 몸을 팔도록 한 남편이었습니다. 동료들의 개런티까지 가로채 마약 밀매 현장으로 달려간 뮤지션이었습니다. 함께 투약하던 사람이 돌연사하자 자신의 잘못을 은폐하기 위해 시체를 유기하기까지 한 사람이었습니다. 그는 팔의 혈관이 보이지 않아 목과 사타구니, 심지어 손톱 밑에까지 마약 주사를 놓았던 처참한 중독자였습니다. 그리고 쉰여덟의 나이로 객사했을 때, 이 전설적인 아티스트의 초라한 장례식에 참석한 사람은 불과 35명뿐이었습니다.

그의 아름다운 음악을 들을 때의 위안과 그의 엉망진창인 삶에 대한 저술을 읽을 때의 혐오 사이에서 일어나는 이 기묘한 아이러니를 어떻게 이해해야 할까요. '악마가 부른 천사의 노래'를 어떻게 받아들여야 하는 걸까요. 그의 삶은 그의 노래를 배반한 것일까요. 그의 자기 파괴적인 행동은 그가 내놓은 예술의 가치까지 파괴하는 걸까요. 그가 음악으로 우리에게 준 위로는 거짓이었을까요.

쳇 베이커의 삶과 예술 사이의 괴리는 우리를 당혹케 합니다. 이 모든 사실을 떠올리고도 여전히 그의 음악이 아름답게만 느껴지는 이 밤에, 예술가의 삶에 대해 우리는 과연 어떤 태도를 지녀야 하는 걸까요.

인생에는 일치가 가져다주는 감동도 있지만 충돌이 야기하는 깨달음도 있습니다. 그리고 진정으로 사무치는 교훈은 바로 아이러니와 딜레마로부터 옵니다.

무지의 사전, 카트린 파지크 · 알렉스 숄츠 지음

제대로 묻기

《무지의 사전》은 다양하면서도 재미있는 질문과 답을 담고 있습니다. 왜 인간은 매일 여덟 시간 안팎을 자는지부터 왜 19세기에는 미국 사람들의 키가 더 컸는데 지금은 유럽 사람들의 평균 신장이 더 큰지와 하와이 섬은 어떻게 생성되었는지까지, 문명이 극도로 발달한 것 같은 21세기에도 여전히 학문적으로 완전히 해명되지 못하고 있는 갖가지 사례들을 모아놓았지요. 그렇다면 얼음은 왜 미끄러운 걸까요.

>> (스케이터가 얼음을 지칠 수 있는 이유에 대해서는) 마찰에 의한 설명이 가능할 수 있다. 1930년대에 처음으로 고안된 이 가설에 따르면 얼음 위에서 날과 신발이 일으키는 마찰은 약간의 얼음을 녹일 정도의 따

뜻함을 발생시키고, 이렇게 녹은 물이 윤활유 역할을 한다는 것이다. 이 가설에 대한 몇 가지 실험이 입증됨으로써 오늘날 사람들은 마찰의 온기가 얼음판을 지칠 때 중요한 역할을 한다고 거의 확신하고 있다. 하지만 유감스럽게도 얼음 위에 전혀 아무것도 움직이지 않는, 다시 말해서 마찰이 전혀 일어나지 않는 곳에서도 얼음은 미끄럽다.

물 분자의 특수한 구조는 경우에 따라 이러한 대책 없는 상황에서 우리를 구원한다. 전자와 양성자, 뢴트겐선을 얼음 표면에 비추면 얼음의 가장 윗부분의 분자가 마치 액체처럼 되어 있다는 것을 확인할 수 있다. 이것은 이미 1850년에 전설적 물리학자인 마이클 패러데이가 전자라는 개념을 전혀 사용하지 않고 설명한 생각이다. 그러므로 얼음은 압력이나 마찰 없이 그 자체로 쉽게 미끄러질 수 있는 액체와 비슷한 층을 만드는 것인지도 모른다. 하지만 이런 현상이 정확하게 어떻게 일어나는지는 불분명하며, 섬세한 연구를 필요로 한다. 이러한 불분명함은 분명 결합하기를 좋아하는 물 분자들이 얼음의 표면에서—전자의 구름과 팔과 다리가 액체 상태에서 활동하는 것과 똑같이—더 이상 어디로 향하는지 알지 못할 정도로 이리저리 움직이는 것과 관련된다. 이러한 설명이 어느 정도 표면의 미끄러움을 잘 설명하는 것처럼 보이지만, 이에 반대되는 설명도 있다. 미국의 물리학자인 미켈 살메론이 이끄는 연구팀은 값비싼 주사선 현미경을 이용하여 얼음의 표면을 자세하게 관찰한 뒤, 얼음이 '액체 상태의 유동층'이 있음에도 불구하고 그 원자를 척도로 할 때 항상 매우 거칠고, 전혀 미끄럽지 않다는 사실을 밝혀냈다. 얼음이 왜 미끄러운지는 결국 해명되지 않았다. 《

《무지의 사전》을 읽다 보면, 인간의 지력이 아직 이 정도도 밝혀내지 못했나 싶어질 때가 많습니다. 하지만 소크라테스의 철학적 방법론은 우리가 얼마나 무지한가를 먼저 밝혀내는 것이었지요. 자신의 무지를 아는 것이 곧 앎의 시작이라고 보았으니까요. 일단 뭘 모르는지를 깨달아야 무엇을 알 수 있는지, 어떤 것을 알아야 하는지를 짐작할 수 있습니다. 그리고 그러기 위해선 우리의 삶이나 우리 자신에 대해서 끊임없이 질문을 던져보아야 하는 것이지요.

올바른 대답은 올바른 질문에서 시작합니다. 헝가리 태생의 미국 물리학자 유진 위그너가 1963년에 노벨 물리학상을 공동 수상한 이유는 원소 주기율표에서 등장하는 일명 '마법의 숫자'의 근거에 대해 정확한 질문을 던졌기 때문이었습니다. 그 질문에 대한 해답을 발견한 두 명의 연구자가 위그너와 함께 노벨 물리학상을 공동으로 받았죠.

당신은 요즘 자신의 삶에 대해서 어떤 어려움을 겪고 계신가요. 그리고 그 어려움에서 벗어나기 위해서 어떤 질문을 스스로에게 던지고 계십니까.

●**피의 문화사**, 구드룬 슈리 지음

순수에의 강요

'피'라고 하면 공포, 상처, 폭력, 뱀파이어 등 다양한 것이 연상될 텐데요, 독일의 저술가 구드룬 슈리는 '피'를 핵심 주제로 역사, 종교, 문화, 예술을 종횡무진 누비며 예사롭지 않게 이야기하고 있습니다. 생명과도 직결되는 피는 때로는 터부가 되기도 하고 반대의 경우 극심한 숭배의 대상이 되기도 했지요. 그 중에서도 피의 순수성을 외쳤던 나치 정권 치하의 일들에 대한 부분을 읽어보겠습니다.

>> 히틀러는 《나의 투쟁Mein Kampf》에서 "피와 인종을 거역한 죄는 이 세상의 원죄이며 그 죄에 항복한 인류의 종말이다."라고 말했다. 전혀 추상적이지 않은 '피'라는 개념은 국민의 감정에 호소하여 국민을

선동하는 데 큰 몫을 했다. 1923년 11월 9일 시위대가 손에 들고 있었던 나치당의 깃발은 '피의 깃발'이 되었고 나치들은 국가사회주의독일노동자당과 그 하부조직의 모든 깃발이 그 피의 깃발에 닿으면 성스러워진다고 믿었다. 흐르는 피는 한편으로는 북방운동에 봉사한 영웅의 죽음을 상징했고 다른 한편으로는 인종적으로 순수한 혈통과 시각이라는 의미에서 피로 결속된 민족성을 상징했다. 원하지 않는 국민의 외적인 인종적 특징에만 낙인을 찍은 것이 아니었다. 그들의 본질 자체가 열등하다고 생각했다. 따라서 비非아리아인의 헌혈을 거부했고 중상자들은 원치 않는 국민의 피로 자기 몸을 더럽히느니 차라리 죽음을 택했다.

1935년 의사 한스 제렐만Hans Serelman은 유대인 주제에 아리아인 환자에게 자기 피를 수혈하여 환자의 목숨을 구했다는 죄목으로 6개월 동안 감옥살이를 했다. 1932년 오토 레헤Otto Reche는 《혈액형학 교본 Handbuch der Blutgruppenkunde》에서 B형은 피부색이 검은 아시안 인종과 독일의 열등한 인간들의 것이며 반대로 A형은 아리아 민족의 지성과 근면을 입증한다고 주장했다. 《

가뜩이나 오해를 받기도 하시는 B형 분들, 기분 나쁘실 수도 있겠네요.^^ 사실 피에 대한 뜨거운 주장은 듣는 이의 피를 쉽사리 끓어오르게 만듭니다. 인종이나 민족이나 지역이나 가족에 따라서 피의 순수성을 강조하고, 그런 순수한 피를 지닌 사람들만 모여 살아갈 자격이 있는 땅의 신성함을 함께 강변하면 더욱 그렇지요. 바로 나치가 20세기 중반 독일 국민들에게 그랬듯이 말입니다. 그러나 소위 피의 순수함에 대한 과도한 의미 부여에서, 혈통이 다른 사람에 대한 배척의 논리까지의 거리는 채 한 뼘이 되지 않습니다.

  순수함에 대한 강조는 종종 순수하지 않습니다. 스스로의 순수함을 확신하면서 내세울 때, 자신의 눈에는 순수하지 못하게 보이는 남에 대한 근거 없는 도덕적 우월감에서 비롯된 공격이 시작되기도 하지요. 1과 자신으로만 나눠지는 수학의 소수素數가 제1차 세계대전 때 군사통신용 암호로 사용된 사례를 상기시키면서, 철학자 게르하르트 폴머는 "소수조차도 결코 순수하지 않다"고 말한 적이 있습니다.

  순수는 분명 고귀한 가치입니다. 그러나 순수에의 확신과 순수로의 강요는 위험합니다. 일체의 뒤섞임이나 소통을 거부한 채 순도 100퍼센트를 지향하는 근본주의적 태도에는 항상 불길한 그림자가 일렁입니다.

설계자들, 김언수 지음

관성의 법칙

김언수씨의 장편소설 《설계자들》을 읽었습니다. 수녀원 쓰레기통에서 태어나 너구리 영감의 '개들의 도서관'에서 살아가는 래생来生을 중심으로 청부살인업자들의 세계를 그려내는 이 소설은 간결하면서도 품위와 냉정을 잃지 않는 문장과 어떻게 뻗어나갈지 내내 궁금하게 만드는 화술로 시종 흥미를 잃지 않게 만들지요. 문학동네 소설상 수상작 《캐비닛》으로 각광받은 김언수씨는 4년 만에 내놓은 《설계자들》을 통해서 한 걸음 더 성큼 앞으로 나아갔고 다음 작품 역시 기대되는 작가입니다. 다음은 베테랑 킬러가 죽이지 않고 살려준 어느 불행한 여인에 대한 대목입니다.

>>   여자의 손은 너무나 가늘고 고왔다. 그 손은 마치 한 번도, 싱싱 돌아가는 컨베이어 벨트 앞에서 열 시간씩 나사를 돌리거나 겨울 바다에서 미역이나 굴을 따는 삶을 상상조차 해본 적이 없는 것 같았다. 좋은 집안에 태어났다면 피아니스트가 되었을 법한 손이었다. 하지만 여자는 그리 좋은 집안에 태어나지 못했고 열다섯 살부터 창녀 짓으로 돈을 벌었다.

사창가로 돌아가면 오래 버티지 못한다는 걸 여자도 알고 있었을 것이다. 하지만 여자는 알면서도 돌아갔다. 우리는 더럽고 역겹지만 자신이 발 디딘 땅을 결국 떠나지 못한다. 돈도 없고 먹고살 길도 없는 것이 그 원인이기도 하지만 그것이 다는 아니다. 우리가 이 역겨운 땅으로 되돌아오는 것은 그 역겨움이 익숙하기 때문이다. 역겨움을 견디는 것이 저 황량한 세계에 홀로 던져지는 두려움을 견디는 것보다, 두려움의 크기만큼 넓고 깊게 번지는 외로움을 견디는 것보다 더 익숙하기 때문이다.   <<

아리스토텔레스는 물체가 끊임없이 움직이려면 외부로부터 힘이 계속 작용해야 한다고 주장했습니다. 오래도록 신봉되어온 이와 같은 물리학적 견해를 뒤집은 것은 바로 뉴턴이었지요. 그는 흔히 관성의 법칙이라고 불리는 제1 운동법칙을 통해 외부에서 힘이 작용하지 않는 한, 운동하는 물체는 계속 그 상태로 움직이려 한다고 했습니다.

관성의 법칙은 인간사에도 고스란히 적용될 수 있을지도 모릅니다. 관성이라는 것을 인간의 삶에 적용시켜 일상의 용어로 바꾼다면 그건 습관이라고 할 수 있겠지요. 자신이 오래전부터 걸어오던 길이 잘못된 행로라는 걸 깨닫고도, 사람들은 쉽사리 그 길에서 벗어나거나 뒤돌아서지 못합니다. 그건 바로 삶의 관성, 즉 습관 때문입니다.

 인간은 자기 자신의 행동을 반복해서 모방하면서 습관을 형성해 나갑니다. 그런 습관들의 집합은 한 인간의 정체성을 이루게 되지요. 물론 인간은 자신의 습관을 전부 긍정하지는 않습니다. 심지어 어떤 습관은 계속 되풀이하면서도 스스로가 혐오하기도 하지요. 그런데도 쉽사리 오랜 세월 유지해온 습관을 중지하거나 고치지는 못합니다. 자신에 대한 냉소와 자학과 심지어 혐오에도 불구하고 습관이 여전히 강력하게 살아남을 수 있는 것은 무엇보다 익숙하기 때문이겠지요. 운동하고 있는 물체는 운동하고 있는 게 익숙하기에 그저 계속 같은 방식으로 움직이려는 겁니다.

 홍상수 감독의 신작 〈북촌방향〉을 보면서도 비슷한 생각을 했습니다. 그 영화에 담긴 것은 후회하고 자책하고 다짐해도 벗어나지 못하고 시간의 흐름 속에서 어느새 되풀이하고 있는 어떤 굴레로서의 삶, 혹은 그 삶을 빼곡히 채우고 있는 기시적인 행동들이었기 때문입니다. 역겨움을 견디는 것이 외로움을 견디는 것보다 더 익숙할 때, 새로운 단계에 대한 갈망은 어쩌면 핑계에 불과한지도 모릅니다.

어디선가 나를 찾는 전화벨이 울리고, 신경숙 지음

넋 놓고 멍하니

신경숙씨의 소설들에서 느낄 수 있는 가장 깊은 맛은 문체에서 우러나 옵니다. 윤이와 단이와 미루와 명서라는 네 주인공들을 소개하고 있는 청춘소설이자 성장소설이기도 한 《어디선가 나를 찾는 전화벨이 울리고》역시 작가 특유의 세심하고 예민한 표현과 감성이 살 살아 있지요. 그 중에서 혼란스러운 상황에 빠져 있는 주인공 정윤이 대학 시절 은사 윤교수와의 대화에서 떠올리는 생각을 읽어보겠습니다.

>> 두 사람이 연구실을 나간 뒤에 윤교수와 나 사이에 잠시 정적이 흘렀다. 뭔지 모르게 윤미루에게 냉담해 보이던 윤교수는 깊은 숨을 한번 내쉬는 것 같더니 강의실에서 크리스토프 얘기를 해주던 모습으로

돌아왔다.

─자네는 타이핑 속도는 빠른가?

나는 대답 대신 웃었다.

─빠른가?

─……

─질문에는 웃지 말고 분명하게 대답하도록 하게.

잘 모르겠다고 하니 그럼 잘 모르는 부분은 빼놓고 얘기하라던 강의실에서의 윤교수 목소리가 생각났다. 뭐라고 대답해야 할지 모를 때 웃는 건 내 오래된 습관이었다. 그동안 누구도 내 습관을 지적한 사람이 없었다.

─빠른 편입니다.

─어느 정도인가?

─머릿속 생각을 손이 방해하지 않을 정도는 됩니다.

─그래…… 나는 열 손가락을 움직여서 타이핑을 하는 사람들이 부럽네. 익혀보려 했으나 내겐 너무 어려운 일이야. 나는 자네들이 흔히 말하는 독수리 타법이라네. 자네와는 반대로 손이 내 생각을 따라오지 못해. 타이핑을 해보려고 하면 저만큼 앞서간 생각이 뒤따라오는 손을 바라보고 있을 때가 많다네.

이렇게 말할 수도 있구나.

저만큼 앞서간 생각이 뒤따라오는 손을 바라보고 있을 때가 많다네, 라고 말하는 윤교수의 말투는 독특하고 낯설었지만 나는 그런 상황이 어떤 것인지는 알 수 있을 것 같았다.

시골집에서 보낸 무기력한 시간을 뚫고 이 도시로 돌아와야겠다는 생각이 든 건 단이와 함께 보낸 그 밤의 영향이었다. 헤드랜턴을 쓴 단이와 엄마 묘소에 갔던 그 밤, 시위를 진압하러 나온 동급생을 두들겨팬 후 혼란에 빠져 있는 단이에게 너는 나를 사랑하니? 라고 물을 뻔했던 그 순간에 나는 도시로 돌아가야겠다고 다짐했다. 그 다짐이 무기력과 상실감에 떠밀려 너는 나를 사랑하니? 라는 말을 하지 않도록 도와주었다. 나를 사랑하니? 라는 질문은 상대방으로부터 어떤 대답을 들어도 내가 너를 사랑하고 있을 때 해야 한다는 생각이 들었던 것이다. 엄마 묘소 앞의 흙을 한줌 손으로 뭉쳐가지고 온 그 밤의 결심에 의해 나는 이렇게 여기에 돌아왔지만 내 마음은 아직 이 도시로 돌아오지 못하고 어딘가를 배회중인 것 같은 느낌이었다. 타이핑을 할 때면 머릿속 생각을 앞서 나가거나 바로 뒤따르지 못하고 이미 탄생한 문장 뒤를 천천히 따라오는 늦은 손가락을 바라보는 윤교수의 마음도 그와 비슷한 것 아닐는지.

사촌언니 남편도 가끔 윤교수와 비슷한 말을 했다는 생각. 그가 일주일씩 이어지는 비행에서 돌아오는 날 저녁이면 어김없이 식탁에 올라오는 반찬들이 있었다. 쌀밥과 미역국과 굴비구이, 계란찜, 구운 김, 시금치와 숙주, 무 나물 같은 것들. 사촌언니 남편이 좋아하는 것들이었다. 그가 비행에서 돌아오는 밤에 셋이서 식탁에 앉아 저녁밥을 먹는 일이 종종 있었다. 어느 날인가 비행에서 돌아온 사촌언니 남편이 저녁밥을 먹지 못할 정도로 몸살을 앓았다. 굴비를 구워 식탁에 내려놓고 병원에 가봐야 하는 거 아니냐고 걱정하는 사촌언니에게 그는 염려 말라고 했다. 비행기가 너무 빨라 몸이 먼저 집에 왔을 뿐이라고. 영혼이 비행기의

속도를 따르지 못해 지금 돌아오고 있는 중이라 몸살을 앓는 것일 뿐이니 영혼이 뒤따라 도착하면 나을 거라고.

이런 경우 느끼실 때, 가끔씩 있으시지요? 머리를 따라가지 못하는 손, 육체를 따라가지 못하는 영혼. 이럴 때 손이나 영혼의 입장에서는 머리나 육체가 참 야속하지요. 어쩌면 저렇게 뒤도 안 돌아보고 혼자만 부지런히 내뺄까. 그런데 저는 가끔씩 멍해졌다가 다시 정신을 차리고 나면 이런 생각을 하기도 합니다. 이 몸이 지겹고 권태로워서 잠시 영혼이 외출을 다녀왔나. 영혼도 이 팍팍한 육체 속에 들어앉아 수십 년을 지내자니 답답하기도 할 거예요.

그러고 보면 소설 속 사촌언니 남편의 영혼은 비행기에 실린 몸의 속도를 따르지 못해서 뒤처진 게 아닌지도 모릅니다. 몸을 먼저 비행기에 태워 보내고 난 후, 영혼 혼자 한갓지게 하늘을 느릿느릿 유영하고 싶었던 건지도 모른다는 거지요.

멍하니 넋을 놓고 있는 순간도 그냥 허송하는 시간만은 아닌 것 같아요. 우리가 놓은 넋, 어디 가지 않거든요. 영혼 역시 좀 쉬기도 하고 산책도 다니고 그래야지요. 그나마 넋을 놓고 지낼 수 있는 일요일 오후 같은 시간이 있다는 게 얼마나 다행인지요. 몸뿐만 아니라 정신 역시 자주 쉬어주어야 할 겁니다.

티베트 속담에 그런 게 있다지요. 해결될 문제라면 걱정할 필요가 없고, 해결 안 될 문제라면 걱정해도 소용없다. 네, 그렇다네요!

● **종교 다시 읽기**, 한국종교연구회 지음

최초의 순간

여러 명의 종교학자들이 함께 저술한 《종교 다시 읽기》는 갖가지 종교 현상을 어떻게 바라볼 수 있을 것인지에 대해 풍부하고도 깊은 시각을 제시하는, 일반 독자를 위한 교양인문서입니다. 종교와 과학은 적대적인가, 유교는 종교인가, 종교는 환상인가, 진리는 하나인가 여럿인가 등 다양한 질문과 그에 대한 탐구를 담고 있어서 특정 종교에 국한되는 것이 아니라 인간과 사회 자체를 바라보는 시각을 확장하는 데 도움이 될 것 같습니다. 그 중에서도 창조신화에 대해 서술한 부분에서 '처음이 갖는 상징성'을 다룬 대목을 소개해볼게요.

>> 창조신화에서 '옛날에' '태초에' '처음에'란 것은 연대기적

chronological time상에서의 제일 처음에 발생한 사건 또는 사실을 표현하는 것이 아니라, 세계의 본질 혹은 만물의 근원을 나타낸다고 할 수 있습니다. 달리 표현하면 그것은 존재의 의미 혹은 존재의 아이덴티티를 밝혀주게 됩니다.

이렇듯 처음이라는 것의 각별한 의미는 비단 창조신화를 재연하는 고대인들의 제의에서만 발견되는 것은 아닙니다. 일상생활을 주의 깊게 들여다보면 인간은 모든 종류의 처음을 특별히 의미 있게 생각한다는 사실을 발견할 것입니다. 가령 우리나라가 처음으로 개국한 날을 개천절로 매년 반복적으로 기념한다든지, 개인적으로는 인간으로 처음 시작하는 생일을 특별히 의미 있는 날로 기념하는 것이 그러합니다. 무엇이든지 처음의 것은 그것이 속해 있는 종種의 기원이며 그 종 전체를 상징합니다. 따라서 우리 국가가 처음으로 등장한 사건, 나의 존재가 처음 시작한 날은 우리 혹은 나에 관한 모든 사건을 상징한다고 할 수 있습니다. 그렇다면 고대 바빌로니아인들이 신년축제를 통해서 우주창조의 행위를 재연함으로써 신의 완전성을 획득하듯, 건국일이나 생일을 기념하면서 나의 조국 혹은 나의 존재의 의미를 획득한다는 사실을 알 수 있습니다.

지금 읽어드린 내용의 연장선상에서 한번 생각해보겠습니다. 인간을 끊임없이 묻는 존재로 규정할 때, 그 질문이 가닿는 곳은 상당 부분 기원과 시작에 놓여 있을 겁니다. 신화에 나타난 인류의 관심 역시 그렇지요. 세계의 시작에서 결혼 제도의 유래와 죽음의 기원까지, 그 폭은

상당히 넓습니다. 지금까지 남아 있는 가장 오래된 신화인 바빌로니아 신화에는 심지어 치통이 어떻게 시작되었는지에 대해 설명하는 부분까지 있지요.

결국 기원에 대한 관심은 단순한 호기심의 발로가 아닙니다. 그것은 자신이 디디고 선 근거를 깊숙이 캐어 들어가는 존재론적 질문이지요. 기원이란 단순히 일련의 사건들에서 시간적으로 맨 처음에 놓여 있는 일회적인 일이라기보다는, 그 사건들 자체의 본질을 규정하는 성격이 짙기 때문입니다. 세계 각지의 창조신화에서 초월적인 존재가 태초의 순간에 행했던 내용은 그대로 인간 삶의 의미를 해설함으로써 존재 의의를 부여하는 셈이지요. 다양한 신화에 따라서, 인간이 신의 형상대로 창조되었는지, 허겁지겁 신들이 뒤로 던진 돌이 변해서 생성되었는지, 노예로 부리기 위해 만들어졌는지, 우연의 산물로 불쑥 솟아올랐는지에 따라 그 존재 의미는 완전히 달라질 겁니다.

결혼이라는 제도 역시, 종족을 안전하게 번식하기 위해서였는지, 성적 욕망을 주기적으로 발산하기 위해서였는지, 남녀 사랑의 자연스럽고도 낭만적인 귀결이었는지, 아니면 사회적 유대 관계를 효과적으로 만들기 위한 최소 단위 형성의 목적 때문이었는지에 따라서 전혀 다른 의미로 다가오겠지요. 그러니까 온통 상황이 뒤얽혀 있고 길은 안개 속에서 보이지 않는 것처럼 느껴질 때, 가장 확실히 여정을 진단할 수 있는 방법은 출발점을 떠올려보는 겁니다. 당신은 지금 고민에 빠져 있는 그 일의 첫걸음을 어떻게 떼었습니까. 그리고 지금 난항을 겪고 있는 그 사람과의 관계는 어떻게 시작되었습니까.

● **잃어버린 시간을 찾아서**, 마르셀 프루스트 지음

비밀의 문

프랑스 작가 마르셀 프루스트의 《잃어버린 시간을 찾아서》는 제임스 조이스의 《율리시즈》와 함께 20세기 문학사에서 가장 중요한 소설로 손꼽히는 작품입니다. 모두 7부작에 국내에서 11권으로 번역되어 나올 정도로 방대한 대하소설이기도 하지요. 그 중에서 1부 〈스완네 집 쪽으로〉의 한 대목을 소개합니다. 아마도 이 책에서 가장 널리 알려진 부분일 거예요.

>> 어머니는 과자를 가지러 보냈다. 가리비의 가느다란 홈이 난 조가비 속에 흘려 넣어 구운 듯한, 잘고도 통통한, 프티트 마들렌이라고 하는 과자였다. 그리고 이윽고 우중충한 오늘 하루와 음산한 내일의 예측

에 풀 죽은 나는, 마들렌의 한 조각이 부드럽게 되어 가고 있는 차를 한 숟가락 기계적으로 입술로 가져갔다. 그런데 과자 부스러기가 섞여 있는 한 모금의 차가 입천장에 닿는 순간 나는 소스라쳤다. 나의 몸 안에 이상한 일이 일어나고 있는 것을 깨닫고. 뭐라고 형용키 어려운 감미로운 쾌감이, 외따로, 어디에서인지 모르게 솟아나 나를 휩쓸었다. 그 쾌감은 사랑의 작용과 같은 투로, 귀중한 정수精髓로 나를 채우고, 그 즉시 나로 하여금 삶의 무상을 아랑곳하지 않게 하고, 삶의 재앙을 무해한 것으로 여기게 하고, 삶의 짧음을 착각으로 느끼게 하였다. 아니, 차라리 그 정수는 내 몸 속에 있는 것이 아니라, 그것은 나 자신이었다.

(중략)

그러자, 갑자기 추억이 떠올랐다. 이 맛, 그것은 콩브레 시절의 주일날 아침(그날은 언제나 미사 시간 전에는 외출하는 일이 없었기 때문에), 내가 레오니 고모의 방으로 아침 인사를 하러 갈 때, 고모가 곧잘 홍차나 보리수꽃을 달인 물에 담근 후 내게 주었던 그 마들렌의 작은 조각의 맛이었다.

잃어버린 시간을 찾아서 기억 속으로 끝없이 자맥질하는 주인공의 의식을 집요하게 그려내는 이 소설의 출발점은 일상의 사소한 물건입니다. 기억과 상실에 대한 이 대작은 결국 마들렌 한 조각으로 시작되었다고 할 수 있는 것이지요.

현재를 살아가는 우리의 일상에는 과거로 통하는 비밀스러운 문이 곳곳에 숨겨져 있습니다. 그건 점심 때 입에 넣은 음식 한 조각일 수도

있고, 오랜만에 지나가게 된 어느 골목길일 수도 있으며, 버스에서 내릴 때 훅 끼쳐왔던 어떤 냄새일 수도 있습니다. 추억을 잡아당기는 기억의 문고리들은 그렇게 곳곳에 숨어 있다가 불쑥불쑥 틈입합니다. 오래 함께한 연인들이 헤어지기 어려운 이유는 두 사람이 긴 시간 속을 통과하면서 만들어놓은 문고리나 매듭들이 많기 때문입니다.

상기하는 것이 아니라 상기되기 마련인 기억의 존재 형식은 능동태가 아니라 수동태일 겁니다. 그렇게 기억은 무시로 우리를 급습하고, 일상의 사소한 접점에서 예기치 않게 격발당한 우리는 추억 속으로 침잠됩니다. 그렇기에 추억은 두렵기도 하고 신비롭기도 하죠. 당신은 오늘 어떤 기억의 문고리를 잡아당기셨습니까.

● **밤은 노래한다**, 김연수 지음

확률적인 진실

김연수씨의 장편소설 《밤은 노래한다》를 읽어봅니다. 1930년대 만주의 항일유격근거지에서 일어났던 '민생단 사건'을 소재로 삼은 흥미로운 소설이지요. 일본과 중국과 조선, 민족주의자와 사회주의자와 제국주의자들이 복잡하게 얽힌 시대상황 때문에 500여 명에 달하는 혁명가가 적이 아니라 동지에 의해 죽어갔던 역사적 비극을 생생하고도 깊이 있게 파고든, 소설가 김연수씨의 역량이 제대로 드러나는 작품입니다. 다음은 측량기사인 주인공 김해연이 자신의 일에 대해 숙고한 끝에 얻은 결론을 말하는 부분입니다.

>> 측량의 역사를 배우던 시절의 일이다. 수업시간에 이노 타다타

카(伊能忠敬)에 대한 얘기를 들은 적이 있었다. 16세기 사람인 이노 타다타카는 쉰 살이 넘은 뒤, 자신의 발로 일본을 측량한다는 포부를 가지고 15년에 걸쳐서 일본 열도를 걸어 다닌 사람이었다. 총 발걸음은 4천 만 보, 거리는 34,900킬로미터. 측량을 배운 사람이라면 누구에게나 그런 욕망이 존재한다. 자신의 몸으로 세계를 재어보려는 욕망 말이다. 그런 탓인지, 어느 틈엔가 나는 모든 상황을 내 몸으로 이해하지 못하면 불안감을 견디지 못하는 종류의 인간이 돼버렸다. 하지만 측량의 세계에 더 깊이 빠지면 빠질수록 '노력하는 한, 인간은 잘못을 범한다'라는 괴테의 말을 이해해야만 하는 걸 깨닫게 된다. 측량의 세계에는 근사치만 있지, 참값은 존재하지 않기 때문이다. 요컨대 측량이란 완전해지지 않으려는 태도를 익히는 일이다. 자신의 몸으로 세계를 재어보면 분명 참값을 경험할 수 있지만, 그것을 도면으로 옮길 때는 참값을 포기해야만 한다.

육안으로 보이는 세상을 도면에 옮겨내려는 측량의 세계뿐만이 아닙니다. 불확정성의 원리가 말하고 있듯, 미시적인 물질의 세계를 다루는 양자역학에서도 입자의 위치와 운동량은 함께 정확히 측정될 수 없다고 하지요. 그런데 그건 측정 기술의 한계 때문이 아니라 입자 자체의 물리적 성질 때문입니다.

   그런데 근사치만 있고 참값은 존재하지 않는다는 사실이 측량과 측정의 세계에만 적용되는 게 아닐 수도 있습니다. 확고한 진실이란 건 애초부터 없거나, 있다고 해도 바라보는 위치에 따라 다를 수밖에 없거나, 확률적으로만 존재하고 있는 것인지도 모른다는 것이지요. 오랜 세월에 걸쳐 삶과 세계를 몸으로 직접 이해해보려고 애써본 사람일수록 그 한계를 뼈저리게 인식하기 쉽습니다.

진실에 대한 확신이 도처에서 발설되지만, 그와 같은 강력한 믿음이 드러내는 것은 그 대상이 되는 진실이 실제로 존재한다는 증거가 아니라, 그저 그 믿음의 강도 그 자체일 뿐입니다. 어쩌면 이 모든 것은 서로 다른 복수複數의 진실들 속에서 어떤 진실이 세상을 조금 더 합리적으로 설명할 수 있고, 조금 더 나은 비전을 제시할 수 있으며, 조금 더 경쟁력을 갖출 수 있고, 조금 더 사람들의 마음을 얻어낼 수 있느냐의 문제일 수도 있습니다.

그렇다고 지레 허망해 할 필요는 없을 겁니다. 심리학자 알프레드 아들러는 "불완전할 수 있는 용기를 가진 사람이야말로 건강한 인간"이라고 말한 바 있었지요. 이 세계와 인간 자체가 불완전하다는 사실을 아프게 인정하고 나서도, 그 불완전한 세상과 삶 자체에서 아주 조금이라도 더 나은 상태를 만들어내기 위해 노력하는 것은 여전히 가치 있는 일일 테니까요.

한눈에 읽는 현대철학, 남경태 지음

말의 자격

다양한 인문학 책을 쓰고 있는 남경태씨의 《한눈에 읽는 현대철학》을 읽어보겠습니다. 마르크스와 니체에서 자크 데리다와 피에르 부르디외까지 철학사에 거대한 영향을 미친 사상가 서른 명의 핵심 키워드를 설명하고 있는 책이지요. 그 중에서 정식분석학자 지그문트 프로이트의 무의식 개념에 대해 서술한 대목 중 일부입니다.

>> 철학자 출신도 아닌 정신과 의사 프로이트가 발견하고 다듬은 무의식은 정신분석학과 심리학뿐 아니라 철학에도 커다란 파문을 던졌다.
(중략)
나의 주인은 내가 아니다. 무의식을 정립하면서 자연히 뒤따르게 된

이 명제는 "그럼 나의 주인은 누구(무엇)인가?"라는 물음으로 이어지게 된다. 구조주의자들은 그것을 구조라고 보았으며, 프로이트의 뒤를 이은 정신분석학자 라캉은 언어라고 보았고, 알튀세르는 이데올로기라고 보았다. 기본적으로는 모두들 프로이트가 열어놓은 지평 위에서 각기 자신의 이론을 전개해간 것이다. 다만 프로이트는 19세기 말부터 20세기 초반에 이르기까지 이른바 '물리학을 뒤흔든 30년'에 주로 활동했던 탓에 헬름홀츠의 에너지 이론과 같은 물리학적 성과에 크게 의존하고 있었으므로, 이후의 철학자들은 프로이트의 사상에서 기계론적 의미를 거세시키고 있다(프로이트처럼 성욕을 중요시하지 않는 것도 그 일환이다).

그러나 이처럼 20세기 지성사에 커다란 영향을 미친 프로이트의 '무의식'은 발견될 무렵부터 숱한 비난과 반발에 시달렸다. 아마도 어느 누구도 가리고 싶은 인간 존재의 야누스적인 측면을 정면으로 폭로하는 것을 환영할 수 없었기 때문일 터이다. 그러나 여기에는 또 다른 이유가 있다. 그것은 바로 무의식도 의식을 통해 말해질 수밖에 없다는 모순, 즉 말로 할 수 없는 이야기를 말로 할 수밖에 없다는 무의식과 의식의 모순 관계 때문이기도 하다. 이에 관해 보헤미아의 시인 릴케는 다음과 같이 절묘하게 이 모순을 해소하는 사례를 보여 준다.

"일찍 시를 쓰면 별로 이루지 못한다. 시인은 벌이 꿀을 모으듯 한평생 의미를 모으고 모으다가 끝에 가서 어쩌면 열 행쯤 되는 좋은 시를 쓸 수 있을지도 모른다. 시란 사람들이 생각하듯 감정이 아니기 때문이다(감정이라면 젊을 때도 충분히 가지고 있다.) 시는 체험이다. 한 행의 시를 위해 시인은 많은 도시, 사람, 물건들을 보아야 한다. …… (하지만) 체험의 추억을 가지는 것만으로는 충분치 않다. 추억이 많으면 그것들을 잊을 수 있어야 한다. 추억이 되살아올 것을 기다리는 큰 인내가 있어야 한다. 추억이 내 안에서 피가 되고, 시선과 몸짓이 되고, 나 자신과 구별되지 않을 만큼 이름 없는 것이 되어야, 그때에야 비로소, 아주 가끔 시 첫 행의 첫 단어가 그 가운데서 떠오를 수 있다."

여성이 병역 문제를 거론하면 "군대도 안 갔다 왔으면서 뭘 안다고?"라는 남성들의 핀잔이 종종 쏟아집니다. 20대 작가가 삶의 근원적 질문에 천착하는 소설을 쓰면 "새파랗게 젊어서 인생에 대해 뭘 안다고?"라는 중장년층의 조소가 이어집니다. 외국의 지식인이 한국의 사회 문제에 대해서 비판하면 "한국인도 아니면서"라는 냉소가 퍼부어집니다.

물론 말의 내용보다 말하는 자가 누구이고 어떤 처지에 있는 사람인지를 살펴보는 게 더 중요한 사례도 없지 않습니다. 그러나 말하는 사람이 누구인지부터 살피고 거기에 먼저 낙인을 찍어버리는 일을 가장 급하게 처리하는 상황 속에서는 진지한 논의가 근본적으로 불가능해집니다. 그 사람이 서 있는 위치에 따라 그렇게 말할 자격을 엄밀히 따지고 들기 시작하면, 특정 주제에 대해서 말해도 되는 사람은 거의 존재하지 않습니다. 50대 작가는 60대 작가로부터 인생을 모른다는 조소를 들을 수 있고, 그런 60대 작가는 70대 작가로부터 같은 핀잔을 받을 수도 있을 테니까요.

직접 겪어보았다면 좀더 세밀하게 말할 수는 있을지 모릅니다. 하지만 직접적인 경험을 해보아야 관련 문제에 대해 제대로 발언할 수 있는 것도 아닙니다. 때로는 경험 자체가 판단에 장애가 되는 경우도 없지 않습니다. 말의 내용이 아니라 말의 자격을 따지기 시작하는 순간, 종종 폭력은 시작됩니다.

싱글맨, 크리스토퍼 이셔우드 지음

아침이 밝아오면

조지라는 남자가 있습니다. 함께 살던 그의 동성 애인은 얼마 전 세상을 떠났지요. 예민하고 까다로운 쉰여덟 살 영문학 교수 조지의 어느 하루를 세밀하게 그리고 있는 소설 《싱글맨》은 크리스토퍼 이셔우드가 1964년에 쓴 작품입니다. 유명 패션 디자이너 톰 포드의 감각적인 연출과 콜린 퍼스의 호연을 볼 수 있는 영화 〈싱글맨〉의 원작이기도 합니다.

살갗으로 파고드는 상실감과 고독, 시간 속을 허우적대며 통과하는 노쇠한 육체와 피로한 정신, 그럼에도 여전히 소용돌이치는 욕망을 쓸쓸하면서도 감각적인 문장으로 그리고 있는 이 소설 중 조지가 침대에서 눈을 떠서 몸을 일으킨 후 출근하기 직전까지의 행동과 심리를 다룬, 어느 힘겨운 아침 풍경은 다음과 같습니다.

>> 　　잠에서 깰 때, 잠에서 깨자마자 맞는 그 순간, 그때에는 '있다'와 '지금'이 떠오른다. 그리고 한동안 가만히 누운 채 천장을 쳐다본다. 이제 시선이 점점 내려오고, '내가'가 인식된다. 거기서부터 '내가 있다'가, '내가 지금 있다'가 추론된다. '여기'는 맨 나중에 떠오른다. 부정적이라도 안심이 되는 말, '여기'. 왜냐하면, '여기'는 오늘 아침, 내가 있어야 할 곳, '집'이기 때문이다.

그러나 '지금'은 단순히 지금이 아니다. '지금'은 잔인한 암시다. 어제에서 하루가 지난 때, 작년에서 한 해가 지난 때. '지금'에는 날짜가 붙는다. 지난 '지금'은 모두 과거가 된다. 어쩌면—아니, '어쩌면'이 아니라—아주 확실히—조만간, 그날이 올 때까지.

두려움이 미주신경을 비튼다. 저 멀리 어디에서 기다리는, 다가올 죽음이 안기는 메스꺼운 경련.

그러나 그 사이에, 엄격히 훈련을 받은 대뇌는 주도권을 잡고 시험을 하나씩 시작한다. 다리를 뻗고, 허리를 굽히고, 손가락을 꽉 쥐었다가 놓는다. 이제 대뇌는 온몸의 기관에 하루의 첫 명령을 내린다. '일어나.'

말을 잘 듣는 몸은 침대에서 일어난다. 류머티즘이 있는 엄지손가락과 왼쪽 무릎 때문에 눈살이 찌푸려진다. 유문이 경련을 일으켜서 가벼운 현기증도 인다. 벌거벗은 채 욕실로 비틀비틀 걸어간다. 방광을 비우고 몸무게를 잰다. 헬스클럽에서 그렇게 몸을 움직였는데 아직도 68킬로그램이라니! 그리고 거울로.

궁지에 빠진 표정밖에는 보이지 않는 얼굴. 내가 스스로에게 저지른 일, 그 58년 동안 어찌어찌하여 만들어진 뒤죽박죽의 무엇. 흐릿하고 지친 눈빛, 거칠어진 코, 제 시큼한 독에 찌푸린 듯 양쪽 끝이 아래로 내려와 찡그린 입술, 근육이 축 처진 뺨, 쭈글쭈글 주름져서 늘어진 목. 완전히 지친 수영 선수나 육상 선수의 모습. 그러나 포기할 기미는 보이지 않는다. 우리가 바라보는 저 동물은 끝날 때까지 계속 싸우리라. 용감하기 때문이 아니다. 다른 대안은 아무것도 상상할 수 없기 때문이다.

아침마다 일어나기 괴로운 분들 많으시죠? 저 역시 그렇습니다. 잠에서 깨어 눈꺼풀 들어 올리기가 무거운 역기 들어 올리는 것보다 더 어렵고, 침대에서 한 번에 몸을 일으키기가 윗몸일으키기 할 때 매트에서 쉰 번 몸을 일으키는 것보다 더 힘들지요.

아무리 사랑하는 사람이 옆에 있다고 해도, 결국 함께 잠들거나 함께 깰 수는 없습니다. 잠에 들거나 잠에서 깨는 건 오로지 혼자 해야 합니다. 불면의 고통이나 기상의 고단함은 하루 치의 시간을 마감하거나 하루 분의 삶을 시작하는 일이 얼마나 힘겨운지를 그대로 일러주는 듯하지요. 한국인의 평균 수명대로 계산해본다면, 우리는 일평생 3만 번 가까이 아침을 그렇게 간신히 밀어 올려야 합니다.

그 과정에서 어떤 사람은 하루를 일찍부터 시작하고 또 어떤 사람은 늦게야 시작하기도 합니다. 나폴레옹은 "미래란 일찍 일어나는 사람들의 것"이라고 확언했지만, 그게 모든 사람이 따라야 할 진리는 아니겠지요. 위대한 철학자들의 경우만 따져봐도 그건 제각각이니까요.

칸트 같은 사람은 일찍 일어나기 위해서 하인으로 하여금 새벽 4시 45분부터 설혹 자신이 불평해도 계속 깨우라고 당부해두었다고 하지요. 그렇게 그는 새벽 5시에 정확히 기상해서 꽉 짜인 시간표대로 하루하루를 쪼개어 살았습니다. 반면에 데카르트 같은 사람은 매일 열 시간 넘게 잠을 잤고, 아침에 눈을 뜨고 나서도 한참이나 침대에 머물렀다고 하더군요. 바이예가 쓴 그의 전기에 따르면, 철학과 수학 분야에서 데카르트의 중요한 업적들은 대부분 그의 늦은 아침 잠자리에서 이루어졌다는 겁니다.

서로 다른 시간대의 업무 사이클이 있는 현대의 하루는 한층 더 다양하겠지요. 구제불능의 저녁형 인간인 저로서는 나폴레옹의 말이 진리라면, 정말 큰일 나는 상황이기도 하구요. 중요한 것은 그 하루를 언제 출발시키느냐가 아니라 어떻게 시작하느냐일 겁니다. (영국 시인 바이런처럼 아침에 일어나보니 갑자기 유명해져 있다거나, 밥 말리의 노래 〈버닝 앤 루팅burnin and lootin〉 노랫말처럼 하루아침에 자유를 박탈당한 채 감옥에서 동트는 새벽을 맞는 일이야 보통 사람들에게는 극히 드물겠죠. 하지만) 아침은 또 하루만큼의 삶의 몫을 각 사람에게 떼어주면서 작은 다짐을 하도록 만듭니다. 하루 동안에 일어나는 일은 결국 삶 전체에 걸쳐서도 일어나는 법. 프랜시스 베이컨은 "희망이란 좋은 아침식사이면서 나쁜 저녁식사"라고 말한 적이 있습니다.

그러니까, 아침이 있다는 것은 삶이 인간에게 허락한 희망의 메커니즘인지도 모릅니다. 설령 그 작은 하루만큼의 희망이 저녁 자리에서는 실망으로 확인되어버린다 해도, 결국 몇 시간 눈을 붙이고 나면 어쨌든 또다른 아침이 찾아오기 마련이니까요.

블링크, 말콤 글래드웰 지음

15년 후

말콤 글래드웰의 《블링크》를 집어듭니다. 언론인 출신의 말콤 글래드웰은 《티핑 포인트》로 거대한 성공을 거둔 이후 《블링크》《아웃라이어》《그 개는 무엇을 보았나》처럼 기획력과 취재력이 뛰어난 베스트셀러를 연이어 내놓음으로써 논픽션 분야에서 세계적인 명성을 획득했지요. '첫 2초의 힘'이라는 글귀가 부제로 붙어 있는 이 책 《블링크》는 직관의 중요성을 강조하면서 무언가의 실체를 파악하기 위해서 오랜 시간이 필요한 건 아니라고 시종 힘주어 말하고 있지요. 그 중에서도 미국 워싱턴대학의 심리학자 존 고트먼의 실험에 대한 부분을 읽어볼게요.

》》 (현 커플의) 결혼의 미래 같은 진지한 문제를 정확히 예견하려면—실제로는 어떤 종류의 예측이라도—많은 양의 정보를, 그것도 되도

록 다양한 내용의 정보를 그러모아야 할 것만 같다.

그러나 존 고트먼은 전혀 그럴 필요가 없음을 입증했다. 1980년대 이후 고트먼은 3,000쌍이 넘는 부부를 불러 빌과 수전처럼 워싱턴대학 캠퍼스 근처에 있는 '애정연구소'의 작은 방으로 들여보냈다. 그런 다음 각각의 커플을 비디오로 촬영해 고트먼 스스로 SPAFFspecific affect(명확한 감정)라고 이름붙인 시스템에 따라 결과를 분석했다. 그것은 부부가 대화 중에 표현할 법한 모든 감정을 스무 가지 범주로 나타내는 코드체계였다. 예를 들어 혐오감은 1, 경멸은 2, 화는 7, 방어 자세는 10, 푸념은 11, 슬픔은 12, 의도적 회피는 13, 특성이 없는 것은 14 하는 식이다.

고트먼은 연구원들에게 표정에 나타나는 감정의 미묘한 차이를 놓치지 않고 읽는 법과 모호하게 들리는 대화의 편린을 해석하는 법을 가르쳤다. 연구원들은 비디오테이프를 보면서 매초마다 커플의 상호작용에 대해 SPAFF 코드를 지정하고, 15분 동안의 갈등 토론을 남편과 아내 별로 각각 900개씩 모두 1,800개 수치의 열로 전환했다. 예를 들어 '7, 7, 14, 10, 11, 11'이라는 표기는 6초 동안에 커플 중 어느 한 쪽이 잠시 화를 낸 후 이내 평정을 찾고, 잠깐 방어 자세를 보이다가 이윽고 푸념을 늘어놓기 시작했음을 뜻한다. 동시에 전극과 센서로부터 나온 데이터들이 연산체계에 포함돼 남편 혹은 아내의 심장이 언제 두근거렸는지, 체온은 언제 상승했는지, 둘 중 하나가 언제 몸을 움직였는지를 파악하고, 마침내 모든 정보가 하나의 복잡한 방정식으로 계산된다.

이러한 일련의 계산을 토대로 고트먼은 놀라운 사실을 증명했다. 한 시간 동안 남편과 아내가 나눈 대화만 분석해도 그 부부가 15년 뒤에 여전히 부부로 살지 여부를 95퍼센트 정확도로 예측할 수 있었다(15분간 관찰할 경우 성공 확률은 약 90퍼센트였다). 최근에는 고트먼과 함께 일하던 교수 시빌 카레르Sybil Carrere가 비디오테이프 몇 개를 돌려보며 새로운 연구를 구상하던 중 부부의 대화를 단 3분만 지켜봐도 이혼할지 잘 살지 꽤 인상적인 정확도로 예측할 수 있음을 발견했다. 결혼의 진실성을 일찍이 상상했던 것보다 훨씬 짧은 시간 안에 파악할 수 있게 된 것이다.

신기하지요? 전혀 모르는 다른 사람이 부부가 대화하는 모습을 15분만 들여다봐도 그 부부가 15년 뒤에 계속 결혼생활을 유지하고 있을지 아니면 이혼으로 결별한 상태일지를 무려 90퍼센트의 정확도로 예측해낼 수 있다는 사실이 말이에요.

영화도 그렇습니다. 대부분의 영화는 첫 신scene만 보고도 감이 오거든요. 내내 형편없이 진행되다가 끝날 때쯤 한 방에 역전되듯 멋지게 마무리되는 영화는 없습니다. 아무리 종반부 반전이 중요한 스릴러 영화라고 해도 마지막 순간의 강력한 펀치는 초반부터 치밀하게 쌓아 올라간 장면들의 끝에 놓여야 가능해지는 것이니까요. 그러니까, 좋은 관계는 거의 매순간 바람직한 관계로서의 분위기를 풍기기 마련이고, 좋은 영화는 거의 매 장면 훌륭한 영화로서의 아우라를 내뿜기 마련이라는 거지요.

프랙털은 작은 나뭇가지가 나무 전체의 모습과 흡사한 것처럼, 부분이 전체와 같은 모양을 하면서 끝없이 되풀이 되는 기하학적 구조를 뜻하는 말이지요. 삶 전체와 그 삶을 구성하는 나날들의 관계는 말하자면 프랙털과도 같다고 할 수 있을 거예요. 삶의 하루하루는 그 자체로 삶 전체를 함축하고 있다고 할까요. 그러니까 삶 전체의 목표를 위해서나 먼 훗날의 골인 지점을 향해서 오늘 하루를 희생하려는 것이 꼭 바람직한 태도인 것만은 아닐지도 모릅니다. 오늘이 비록 먼 여정 위의 작은 점 하나 같은 짧은 시간이라고 할지라도, 그 하루만의 행복과 보람은 반드시 필요하다고 할까요.

미래는 찾아오지 않을 수도 있고, 목표라는 것은 변할 수도 있으며, 결국 하루하루가 없는 삶 전체란 존재할 수도 없는 것이니까요. 오늘 당신의 하루는 어땠습니까. 당신 곁을 스쳐 지나갔던 누군가는 당신의 오늘을 슬쩍 바라본 뒤 15년 후의 당신을 어떻게 예측했을까요.

길에서 어렴풋이 꿈을 꾸다, 이동진 지음

별빛과 어둠

《길에서 어렴풋이 꿈을 꾸다》중 한 부분을 소개해드릴까 합니다. 〈맘마 미아〉의 그리스 섬에서 〈스타워즈〉의 튀니지 사막까지, 열두 편의 영화를 찍은 열두 나라의 촬영지를 직접 다녀온 여행기 열두 편을 담은, 제가 쓴 기행집이에요. 영원을 꿈꾸었지만 그러기에는 너무나 여렸던 열일곱 연인들의 사랑을 다룬 영화 〈세상의 중심에서 사랑을 외치다〉의 배경인 호주 울룰루를 찾아갔었는데요, 어두운 밤에 올려다본 하늘에서 찬란했던 별들을 만나게 되었습니다.

>> 꽤 많은 곳을 여행했지만, 내 인생에 이렇게 많은 별을 본 적이 없었다. 또렷한 은하수가 넉넉히 하늘가를 흐르고, 크고 작은 별들이 하

얀 쌀가루처럼 창공에 조밀하게 흩어져 있었다. 청각으로도 빛을 경험할 수 있다는 것을 처음 알았다.

서로 몸을 맞대고 반갑게 비비기라도 하듯, 평상에 드러누워 끝없이 속살거리기라도 하듯, 별들은 일제히 소리를 냈다. 별이 별을 부추기고 별이 별을 흔들어 깨우는 압도적인 풍경을 올려다보고 있자니 현실이 꿈처럼 느껴졌다. 그 밤, 나는 별의 잔해였다.

그토록 별들이 밝고 아름답게 빛날 수 있었던 것은 호텔 몇 개와 편의 시설이 모여 있는 에어즈 록(울룰루의 영어 이름. 울룰루는 호주 원주민인 애버리진 언어의 명칭이다) 리조트를 제외하면 반경 수백 킬로미터 이내가 인적이 거의 없는 사막이기에 가능했다. 별이 빛을 내기 위해서는 칠흑 같은 어둠이 필요했다.

백혈병을 앓는 아키와 그 모습을 바라만 봐야 했던 사쿠의 사랑은 불능으로 가득한 사랑이었다. 할 수 있는 것보다 할 수 없는 것이 더 많았다. 그들은 울룰루에 함께 가자는 꿈을 끝내 이루지 못했다. 그들은 단지 두 개의 계절을 함께 보냈다. 그들은 겨우 열일곱 살이었다. 그리고 마지막 편지는 도착하지 못했다.

하지만 만일 사랑이 아름다울 수 있다면, 그것은 흠 없고 고결하기 때문은 아니다. 주렁주렁 매달린 훈장이 아니라 곳곳에 감춘 흉터야말로 사랑을 아름답게 할 수 있다. 당도하지 못하는 사랑, 되돌아가는 사랑, 심지어 끊어지고 마는 사랑까지 아름다울 수 있다고 강변하게 되는 근거는 명확하다. 사랑이란 도착 지점이 아니라 여정 그 자체를 일컫는 말이니까.

> 사랑에서 고통과 한숨과 불면을 제외하고서 기분 좋은 감정만을 따로 떼어내 기억할 수는 없다. 사랑이란 그 모든 것이 함께 녹아 있는 경험이니까. 모름지기 별빛의 찬란함은 어둠의 서늘함과 함께 기억되어야 한다.

사랑에 빠진 많은 사람들이 스스로 의문에 빠지곤 합니다. 왜 이토록 사랑은 힘든 걸까. 사랑이 이토록 뜨거운데 왜 정작 나는 행복하지 않은 걸까. 하지만 그건 사랑을 섣불리 행복의 부분집합으로 간주했기 때문이 아닐까요. 사랑과 행복은 서로 교집합을 갖고 있을 뿐, 그 자체로 서로가 서로를 만족시키는 관계는 아니니까요.

"사랑했기에 행복했다"는 말이 충분히 수긍 가는 것처럼, "사랑했기에 고통스러웠다"는 말도 얼마든지 가능합니다. 그게 무엇이든 강렬한 경험과 감정은 모든 것을 뒤틀어버립니다. 그리고 강렬한 것들은 스스로가 강렬한 만큼 요구치가 높고 클 수밖에 없기에 그만큼 더 쉽게 좌절과 상처를 안겨줄 수 있습니다.

그러므로 부정과 불능과 상처는 사랑의 부작용이 아닙니다. 그 자체로 사랑의 핵심적인 요소들 중 일부분인 것이지요. 그 속에 웅크리고 있는 부정적인 요소들과 긍정적인 요소들이 서로 복잡하게 뒤섞이면서 발생하는 에너지를 통해 사랑은 추동력을 얻어 앞으로 나아가는 겁니다. 사랑하는 사람들은 사실 긍정적인 감정 못지않게 그 부정적인 감정까지도 은밀하게 즐기고 있는지도 모릅니다.

사랑은 우리를 웃음 짓게 하고 가슴 설레게 하지만, 또 때로 사랑은

우리를 한숨짓게 하고 가슴 쓰려 하게도 만듭니다. 그러니까, 우리를 뜨겁게 만들 수 있는 것들은 동시에 우리에게 화상을 남길 수도 있습니다.

● **세계를 매혹시킨 반항아 말론 브랜도**, 패트리샤 보스워스 지음

요절과 불멸

《세계를 매혹시킨 반항아 말론 브랜도》는 패트리샤 보스워스가 쓴 말론 브랜도에 대한 전기입니다. 몽고메리 클리프트와 다이앤 아버스에 대한 전기를 펴내 명성을 얻은 보스워스는 그 자신이 배우 출신이지요. 그렇기에 이 책에서 단지 말론 브랜도의 드라마틱한 삶뿐만 아니라 출연작들에 따라 그의 연기가 지닌 의미에 대해서도 세심하게 짚어내고 있습니다. 말론 브랜도와 제임스 딘의 관계에 대해 서술한 부분도 눈길을 끌지요.

>> 브랜도는 액터스 스튜디오 파티에서 제임스 딘과 마주치곤 했다. 딘은 결국 트루먼 카포티의 표현대로 "삶의 작은 문제들에 접는 칼

을 들고 접근하고, 무모한 운전 시합을 하며 돌아다니는 미국의 젊은이, 아무도 이해해주지 않는 미국의 젊은이"를 상징하게 되었다. 당시 딘은 "악마들에게 쫓기는 자"라는 평판을 얻고 있었다. 인디애나 출신의 가냘픈 농장 소년으로, 브랜도와 마찬가지로 아버지와 관계가 몹시 나빴던 딘은 브랜도를 숭배했으며, 구부정한 모습, 청바지, 묵직한 침묵, 침울한 표정 등 그의 모든 것을 흉내냈다. 드럼을 치고 오토바이를 타는 것도 따라 했다. 그들은 심지어 한동안 어슐러 앤드리스라는 여자와 동시에 데이트를 하기도 했다.

브랜도는 말한다. "딘은 나에게 전화를 하곤 했다. 나는 자동응답기에 남겨진 그의 말에 귀를 기울였다. 그는 나를 찾았고, 메시지를 남겼다. 그러나 나는 한 번도 입을 열지 않았다."

어떤 파티에서 브랜도는 딘이 거친 사내처럼 행동하는 것을 보았다. 딘은 심지어 브랜도 특유의 툭툭 끊기는 웅얼거림까지 흉내냈다. 브랜도는 딘을 바로잡아주기로 했다.

"너 자신이 되어야지."

브랜도는 딘에게 엄한 표정으로 말했다. 그러자 딘은 높은 소리로 낄낄거리는 묘한 웃음을 터뜨렸다. 브랜도는 딘에게 정신과 의사를 찾아보라고 권하면서, 벨라 미텔먼의 전화번호를 주었다.

영화사상 가장 훌륭한 배우를 한 명만 꼽으라면 저는 주저하지 않고 말론 브랜도를 선택할 것 같습니다. 브랜도는 스물네 살 나이에 찍은 〈욕망이라는 이름의 전차〉에서 폭발적인 메소드 연기를 선보여 영화계에 엄청난 충격파를 안긴 이후, 〈워터프론트〉〈대부〉〈파리에서의 마지막 탱고〉〈지옥의 묵시록〉 같은 작품들에서 일련의 탁월한 연기로 위대한 배우로서의 면모를 과시했지요. 〈이유 없는 반항〉 같은 작품을 통해 제임스 딘의 전매특허처럼 여겨지고 있는, 번민에 사로잡힌 반항아 캐릭터 연기 역시 브랜도가 그보다 먼저 〈위험한 질주The wild one〉를 통해 유사하게 확립해낸 인물형이고 연기 스타일이었지요.

물론 제임스 딘 역시 좋은 배우입니다. 하지만 고작 세 편의 영화에서 주연한 그는 브랜도와는 비교조차 될 수 없는 필모그래피를 가진 연기자일 뿐이지요. 패트리샤 보스워스의 전기에도 잘 드러나 있듯, 자신보다 일곱 살이 많은 말론 브랜도를 사생활로나 연기적으로 끊임없이 모방하려 애쓴 제임스 딘은 심하게 이야기하면 브랜도의 아류 같은 배우로 볼 수도 있습니다. 그런데도 제임스 딘을 말론 브랜도보다 훨씬 더 깊고도 강렬하게 기억하고 있는 사람들이 많은 것은 어쩐 일일까요.

말론 브랜도에 비할 때 제임스 딘이 결정적으로 다른 게 있다면 그건 그가 요절했다는 사실입니다. 브랜도는 여든 살까지 천수天壽를 누렸던 반면, 딘은 스물넷의 나이에 의문의 자동차 사고로 안타깝게 세상을 떠났으니까요. 제임스 딘뿐만 아니라 마릴린 먼로와 커트 코베인에서 체 게바라와 존 F. 케네디까지, 20세기 역사를 통틀어 신화적 인물로 남게 된 사람 중 적지 않은 이들이 요절했다는 사실은 무엇을 의미할까요. 혹시 그건 시간에 대한 인간의 태도와 관련되어 있는 건 아닐까요.

어쩌면 영웅의 요절에 대한 태도는 첫사랑에 대한 애틋한 회고 방식과도 맥이 닿아 있는지도 모릅니다. 그 영웅은 사실 그 정도로 위대한 인물이 아니었을 수도 있습니다. 그 첫사랑은 사실 그만큼 아름다운 사랑이 아니었을 수도 있구요. 그러나 도도한 시간의 흐름 속에서 온전히 피어나지 못하고 불현듯 허리가 꺾여버린 영웅이나 사랑은 결국 그와 같은 불능을 통해 완전해집니다. 말하자면 이건 시간 속에서 결국 패퇴할 수밖에 없는 운명을 목도한 인간들이 더 일찍 시들어버린 것들에 대한 안타까움을 통해, 역설적으로 불멸을 꿈꾸는 방식일 수도 있다는 것이지요.

● **미스터 모노레일**, 김중혁 지음

포기의 기술

김중혁씨의 장편소설 《미스터 모노레일》은 보드 게임을 둘러싸고 게임 개발자이면서 오랜 친구 사이인 모노와 우창이 겪게 되는 갖가지 모험을 그려내고 있습니다. 이 소설은 생생한 캐릭터 묘사력에 작가 특유의 기발한 재치와 엉뚱하기 이를 데 없는 유머가 더해져 시종 재미있게 읽힙니다. 책 속에 지속적으로 묘사된 둥근 원에 대한 갖가지 상념들도 무척 흥미롭구요. 그 중에서 유럽 여행을 하던 주인공 모노가 로마에서 가방을 잃어버리게 된 사건에 대해 읽어보겠습니다.

》   유럽 여행 구 일째, 로마의 테르미니 역에서 모노는 가방을 몽땅 털리고 말았다. 기차가 역으로 들어오는 모습을 소형 캠코더로 찍는

동안 옆에 두었던 가방이 순식간에 사라졌다. 모노는 얼른 재킷 안주머니를 확인했다. 다행히 지갑은 거기 있었다. 지갑 속 여권도 그대로였다. 바짓주머니에도 손을 넣어보았다. 소형 녹음기와 휴대전화기도 있었다. 모노는 가방에 뭐가 들어 있었는지 기억을 더듬었다. 아니, 가방에 뭐가 들어가 있었는지는 다음 문제였다. 이틀 전 피콰드로 매장에서 산 오렌지색 가죽가방이었다. 오랜만에 마음에 드는 가방을 만났다고 생각했는데 이틀 만에 잃어버린 게 짜증이 났다.

가방 속에는 노트가 있었고, 거기에는 게임 아이디어를 적어두었다. 그거야 다시 생각하면 되는 거였고, 아이팟, 가방 속에 아이팟이 들어 있었다. 음악들. 음악들이야, 뭐 다시 사면 그만이었다. 아이팟 속에 어떤 음악들이 들어 있었는지 헤아려보았다. 십 년 동안 모아온 음악들이었다. 듣고 또 들었던 음악들이었다. 문득 오히려 홀가분했다. 십 년 동안 버리지 못했던 음악들을 이제야 버리게 됐구나 싶었다. 그래도 다시는 구하지 못할 음악들이 있을 것 같기도 했다. 주변을 둘러보았지만 그곳에서 가방을 찾긴 불가능해 보였다.

모노는 머리를 세게 흔들고, 2층의 카페로 들어갔다. 2층 카페에서는 기차가 역으로 들어오는 모습이 한눈에 보였다. 모노는 커피를 주문한 후에 다시 한번 가방을 생각했다. 선사시대의 주사위가 무려 네 페이지에 걸쳐 그려져 있던, 박물관에서 30유로나 주고 산 자료집. 자료집에는 이런 말도 적혀 있었다.

주사위 게임의 기본 법칙은, 승부에 집착하지 않는 사람이 이긴다는 것이다. 그러므로 주사위 게임에서 이기려면 진정으로 지고 싶다는 마

음을 가져야 한다. —로버트 그레이브스 《《

몇 년 전 출근길에서였습니다. 집에 두었던 일기들을 모두 챙겨 들고 제 개인 작업실로 가기 위해서 지하철을 탔습니다. 일기를 쓴 노트들을 가득 넣은 가방이 무거워 선반 위에 올려놓고서 책을 펴들었지요. 한참 책에 집중하고 있다가 지하철을 갈아타야 할 동대문역 표지판이 보이자 허둥지둥 내렸습니다. 일기가 든 가방을 두고 내렸다는 사실을 깨달은 것은 지하철이 문이 닫히자마자였습니다. 멀어져가는 지하철을 안타깝게 바라보다가 역무실로 달려갔습니다. 다급하게 자초지종을 말씀드렸더니 친절한 역무원께서 다른 역 직원들에게 연락해서 곧바로 찾아봐주겠다고 하시더군요. 하지만 결국 가방은 발견되지 않았습니다.

세상에, 그 가방에 담긴 것은 제가 20년 넘게 써왔던 일기들이었습니다. 그걸 잃어버리면 꼼꼼하게 기록해두었던 제 자신의 역사가 통째로 사라지는 셈이었지요. 터덜터덜 작업실에 도착해서 가능한 모든 분실물 찾기 사이트에 절박한 심정을 담아 글을 남겼습니다. 그러고는 일주일을 기다렸으나 끝내 가방에 대한 소식은 없었습니다.

그런데 참 이상한 일이지요. 그렇게 애가 타더니 일주일이 지나서 그 일기들을 되찾을 가능성이 없다는 판단이 들자 아주 간단히 포기가 되더군요. 이제는 더 이상 일기를 쓰지 않아도 된다는 생각마저 들면서 속이 후련해지기까지 했습니다. 오랜 세월 일기를 쓰면서 들인 공을 떠올리면 그런 반응이 스스로 놀라울 정도였지요. 저는 그때 이후로 일기를 쓰지 않게 되었습니다. 가끔씩 그 일기 노트들이 떠오르면서 아쉬운 마음이 들기도 하지만, 제 삶을 붙들어 매고 있던 강박들 중 하나에서 풀려난 것 같은 해방감을 더 자주 느끼게 되었다고 할까요.

예전에 책을 낸 뒤 했던 어느 인터뷰에서 앞으로 어떻게 살고 싶은지에 대해 질문을 받았습니다. 그 물음에 저는 "하루하루는 성실하게 살고 싶고, 인생 전체는 되는 대로 살고 싶다"고 대답했지요. 그때는 농담처럼 했던 말이었는데, 돌이켜보면 정말 잘한 대답이었다는 생각이 듭니다. 왜냐하면 삶에는 분명한 한계가 있고, 일에는 명백한 시한이 있기 때문이니까요. 주어진 하루하루에 최선을 다하되, 내가 전력을 기울여오던 일이 어느 순간 벽에 부딪치게 되면 미련 없이 손에서 놓아버리는 것도 나쁘지 않은 태도일 수 있습니다.

어쩌면 포기란 부조리한 세상에서 불완전한 삶을 살 수밖에 없는 인간이 조금 덜 불행해질 수 있는 유효한 기술인지도 모릅니다.

● **노란 불빛의 서점**, 루이스 버즈비 지음

고독의 위엄과 교감의 위로

책도 책이지만 서점이라는 공간 자체를 좋아하는 분들도 많으시겠지요. 그런 분에게 루이스 버즈비가 쓴 에세이집 《노란 불빛의 서점》을 권하고 싶습니다. 저자인 루이스 버즈비는 서점 직원과 출판사 외판원으로 오랜 세월을 살아온 사람이지요. 《노란 불빛의 서점》에는 책에 얽힌 그의 갖가지 추억과 책에 대한 일평생의 사랑, 그리고 책과 서점의 역사에 대한 흥미로운 서술까지 골고루 담겨 있습니다. 그 중에서 저자가 책의 장점에 대해 열거한 부분을 읽어볼게요.

>> 책은 내구성이 뛰어날뿐더러, 읽는 즐거움을 몇 번씩 누린다 해도 전혀 훼손될 염려가 없다. 책에는 연료나 식량, 서비스 따위가 필요

없다. 어수선한 일을 만들거나 시끄러운 소리를 내지도 않는다. 한 권의 책은 읽고 또 읽은 뒤에도 친구들에게 건네거나 헌책방에 싼값으로 되팔 수 있다. 그래도 책은 산산조각 난다거나 얼어붙을 일이 없고, 모래 속에 처박힌다 해도 책의 기능을 상실하는 법이 없다. 혹여 욕조 속에 빠뜨린다 해도 곧장 말릴 수가 있으며 굳이 필요하다면 다림질 한 번이면 그만인 것이다. 혹 책등이 심하게 갈라져 페이지가 떨어져나갈 지경이 됐다고 치자. 그럴 경우엔 바람이 책장들을 흩뜨리기 전에 책장을 그러모아 고무 밴드로 한데 묶어주기만 하면 된다.

책의 민주적인 특성 가운데 가장 중요한 것은, 기초적인 문자 해득력 외에 그걸 읽거나 다루는 데 특별한 훈련이 필요치 않다는 점이다.

서점은 워낙 여러 곳에서 매혹을 발산하기 때문에 왠지 우리도 시간을 내어 그곳을 천천히 둘러봐야 할 것 같다. 우리는 서가를 맨 꼭대기에서부터 아래까지 샅샅이 훑어 내려간다. 주위에 있는 고객들을 둘러보기도 하고, 열린 문틈으로 갑자기 불어닥친 차가운 비바람에 흠칫 몸을 떨기도 한다. 정말로 원하는 게 무엇인지는 잘 모르는 채로 말이다. 그런데 거기! 그 수북한 테이블 위에, 혹은 서가 맨 아래칸에 먼지를 잔뜩 뒤집어쓴 채 숨어 있는 책 한 권을 만난다. 범상하기만 한 이 물건을! 이 특별한 책은 5000부 혹은 5만 부 혹은 50만 부씩 세상을 돌아다니고 있을지도 모른다. 정확히 똑같은 내용으로 말이다. 그러나 지금 마주친 바로 이 책은 오롯이 우리를 위해서만 세상에 나온 양 귀하기가 말로 다 할 수 없다. 자, 첫 장을 열어보라. 눈앞에 온 우주가 펼쳐진다. "옛날 옛적에……"

흔히 가을을 독서의 계절이라고 칭하지만, 책이 가장 안 팔리는 비수기가 바로 가을이라고 하더군요. 단풍과 프로야구와 입시의 틈바구니에서 이리저리 휩쓸리느라 다들 조용히 책을 펼쳐들 시간이 없는 겁니다. 어쩌면 책이 워낙 관심을 끌지 못하는 시기이기에 일종의 자구책으로서 독서의 계절이란 말을 역설적으로 사용하고 있는 건지도 모르지요.

파스칼은 "모든 불행의 근원은 한 가지다. 즉 인간에게는 조용히 혼자서 자신의 방에 머무를 수 있는 능력이 없다는 것이다"라고 했습니다. 책을 펼쳐들 때, 인간은 비로소 온전히 혼자가 됩니다. 더 중요한 것은 책을 읽을 때 사람들은 저마다의 리듬대로 시간 속을 통과한다는 것이지요. 영화나 음악 같은 매체와 달리, 한 권의 책을 읽어내는 데 정해져 있는 시간 같은 것은 없습니다. 독자는 나름의 속도로 책을 읽습니다. 어떤 사람은 서점에 서서 세 시간 만에 한 권을 독파하기도 하고, 어떤 사람은 침대에서 잠들기 전 매일 30분씩 일주일 동안 읽어내기도 하며, 또 어떤 사람은 욕조에서 내키는 대로 가끔씩 그 책을 집어 들기도 합니다. 내가 쉴 때 책도 쉬고, 내가 생각할 때 책도 생각한다고 할까요.

책은 그 자신만의 우주를 펼쳐내며 독자를 끌어들이지만, 읽는 사람도 책에 구현된 세계에 수동적으로 끌려가지만은 않습니다. 독자 역시 책의 세계를 자신만의 시간과 공간으로 감싸 안는다는 겁니다. 그러고 나서 독자는 자신만의 분위기와 자신만의 리듬으로 책의 세계에 눈을 반짝이며 닻을 내리는 것이지요.

게다가 책을 읽을 때 인간은 오롯이 혼자이지만, 그 순간 그를 사로

잡는 것은 누군가와의 교감입니다. 책이란 결국 한 사람의 생각이 다른 사람의 생각과 가장 내밀하게 이어지는 통로니까요.

좋은 계절에는 무슨 일을 해도 좋습니다. 공부하기 좋은 날씨는 물론 놀기에도 최적이죠. 하지만 고독의 위엄과 교감의 위로를 함께 누릴 수 있는 독서는 다른 곳에서는 쉽게 느끼기 어려운 소중한 경험입니다. 지금 당신은 어떤 책을 펼치고 있습니까. 그 책에 펼쳐진 우주에 당신은 어떤 리듬으로 접선 신호를 보내고 있습니까.

백야, 표도르 도스또예프스끼 지음

비관주의자의 행복

도스또예프스끼의 〈백야〉는 그의 소설들 중에서도 가장 아름답고 서정적인 작품으로 평가받고 있는 초기작이지요. '감상적 소설, 어느 몽상가의 회상 중에서'라는 부제가 붙어 있는 이 러브 스토리 중에서 너무도 사랑했던 여인 나스쩬까로부터 결별을 고하는 편지를 받은 직후의 주인공의 격렬한 내면이 담긴 마지막 부분을 읽어보겠습니다. 나스쩬까는 이 편지에서 결국 옛 애인과 결혼하기로 결심했다고 밝혔지요.

>> 〈사랑하는 나의 벗이여! 다음 주에 저는 그 사람과 결혼합니다. 그 사람은 저에 대한 사랑을 간직한 채 돌아왔어요. 한시도 절 잊은 적이 없었어요……. 그 사람 얘길 쓴다고 해서 화를 내진 않으시겠죠…….

그 사람과 함께 당신을 찾아뵙고 싶어요. 당신은 그 사람을 좋아하실 거죠, 그렇죠?

저희를 용서해 주세요. 기억해 주시고 사랑해 주세요. 당신의 나스쩬까를.〉

나는 오랫동안 이 편지를 읽고 또 읽었다. 눈에서 눈물이 솟구쳤다. 마침내 편지는 내 손에서 떨어졌고 나는 얼굴을 손으로 감싸 쥐었다.

「선생님! 선생님!」

마뜨료나가 불렀다.

「뭐예요, 할머니?」

「천장에 걸린 거미줄을 모조리 치워 버렸어요. 이젠 당장 색시를 들이셔도, 손님을 부르셔도 문제 없어요……」

나는 마뜨료나를 바라보았다……. 그녀는 아직 정정한, 〈젊은〉 노파였다. 그런데 어찌 된 영문인지 갑자기 그녀가 눈이 가물거리고 얼굴에 주름살이 가득한, 허리가 착 꼬부라지고 노쇠한 노파처럼 보였다. 어찌 된 영문인지 내 방도 그 노파처럼 갑자기 늙어 버린 것 같았다. 벽과 바닥 모두 색이 바래 버렸다. 모든 것이 침침해졌다. 거미줄은 더욱 늘어났다. 창밖을 내다보자 어찌 된 영문인지 이번에는 건너편의 건물이 늙고 우중충하게 변한 듯이 보였다. 기둥의 회반죽은 벗겨져 무너져 내렸으며 처마끝은 검게 그을고 여기저기 금이 갔다. 가라앉은 노란색으로 선명하게 보이던 벽은 얼룩덜룩하게 되었다…….

아니면, 먹구름을 뚫고 비죽이 나왔던 한 줄기 햇살이 다시 비구름에 가리워지는 바람에 모든 것이 내 눈에 우중충하게 보인 걸까. 아니면 눈앞에서 내 미래의 전망이 침울하고 슬프게 명멸했기 때문일까. 정확하게 15년 뒤의 내 모습, 지금의 이 방에 지금처럼 고독하게, 그토록 세월이 흘러갔어도 조금도 똑똑해지지 않은 마뜨료나와 함께 있는, 지금과 똑같은 내 늙은 모습을 보았기 때문일까.

그러나 나스쩬까, 너는 내가 모욕의 응어리를 쌓아 두리라 생각하는가! 내가 너의 화사하고 평화스러운 행복에 어두운 구름을 드리우게 할 것 같은가, 너를 신랄하게 비난하여 너의 심장에 우수의 칼을 꽂을 것 같은가, 너의 가슴이 비밀스런 가책으로 고통 받고 행복의 순간에도 우울하게 고동치도록 만들 것 같은가, 네가 사랑하는 이와 함께 제대祭臺를 향해 걸어갈 때 너의 검은 고수머리에 꽂힌 저 부드러운 꽃 중에서 단 한 송이라도 나로 인해 구겨져 버리게 할 것 같은가……. 아, 천만에, 천만에! 너의 하늘이 청명하기를, 너의 사랑스러운 미소가 밝고 평화롭기를, 행복과 기쁨의 순간에 축복이 너와 함께하기를! 너는 감사하는 마음으로 가득 찬 외로운 가슴에 행복과 기쁨을 주었으니까.

오, 하느님! 한순간 동안이나마 지속되었던 지극한 행복이여! 인간의 일생이 그것이면 족하지 않겠는가?

이 소설에서 나스쩬까는 주인공의 순정을 받아들일 듯 말 듯 내내 애매한 태도를 보입니다. 그런 상황에서 나스쩬까에 대한 갈망과 사랑이 극에 달한 순간에 도착한 그녀의 편지는 그야말로 남자의 가슴을 무너지게 하지요.

하지만 놀랍게도 주인공은 배신으로까지 보일 수 있는 그녀의 태도를 원망하지 않고, 그나마 그동안 누릴 수 있었던 행복에 대해 감사를 표합니다. 웬만한 사람이라면 정반대일 텐데 말입니다. 어떻게 이 소설의 주인공은 연애의 절망적인 구두점 앞에서 이토록 너그러운 반응을 보일 수 있는 걸까요. 혹시 그것은 역설적으로, 이 남자가 염세적인 인생관과 세계관을 갖고 있어서가 아닐까요. 소설 속에서 종종 암시되는 대로, 이 남자가 현실에 대한 불만과 미래에 대한 비관으로 하루하루를 버티는 몽상가라는 사실이, 오히려 충격적인 실연의 순간에서 의연하게 버틸 수 있도록 하는 게 아닐까요.

사람에 대한 기대치가 낮고 삶에 대한 전망이 어두우면 웬만큼 나쁜 일이 닥쳐도 절망하지 않습니다. 왜냐하면 사람이란 원래 온전히 기댈 수 있는 대상이 아니고, 삶이란 결코 장미와 와인의 나날일 수는 없는 것이라고 평소에 여기고 있기 때문이지요. 그렇기에 이 소설의 마지막 두 문장에서 주인공은 '한순간 동안이나마 지속되었던 행복이면 삶은 족하다'고 토로할 수 있는 게 아닐까요.

그러고 보면 비관주의자가 꼭 불행한 삶을 사는 것은 아닐지도 모릅니다. 불행을 당연한 것으로 여기는 비관적 전망은 기대하지 않았던 행복이 찾아올 때 좀더 감사하는 마음을 갖게 해주는 것인지도 모르구요. 그러니까, 당신이 비관적인 성향을 가졌다고 해서 불행으로 가득 찬 삶을 살아야 하는 것은 결코 아닙니다. 기대가 적다면, 오히려 하루하루의 작은 행복들은 더욱 생생하게 체험될 수도 있으니까요.

헐리웃 문화혁명, 피터 비스킨드 지음

악전고투의 걸작

영화 전문지에서 맹활약했던 피터 비스킨드가 쓴 《헐리웃 문화혁명》은 1960년대 말부터 1980년대 초에 이르는 동안 새롭게 등장한 젊은 영화인들로 인해 할리우드가 완전히 다른 모습으로 탈바꿈하는 과정을 생생하게 그려낸 저작입니다. 특히 마틴 스콜세지, 프랜시스 코폴라, 스티븐 스필버그, 조지 루카스를 위시한 감독들, 로버트 드 니로, 알 파치노, 잭 니콜슨을 포함한 배우들과 관련된 수많은 일화들이 눈길을 끌지요. 그 중에서 프랜시스 코폴라가 연출한 영화 〈대부〉가 어떻게 만들어졌는지, 그 후일담의 일부분을 볼까요.

>> 파치노는 마이클이 쏠라쪼를 쏘는 씬을 촬영하다가 발목을 삐

었고 첫 주가 끝나갈 무렵 이미 촬영일정은 지체된 상태였다. 코폴라는 밤에는 물론 낮에도 쎄트를 수리하는 동안 각본을 고쳐쓰면서 제작일정을 혼란에 빠뜨렸다. 각본을 고쳐서 필요가 없게 된 배우들이 통보를 받지 못해 현장에 나타났다. 코폴라에 의하면 "완전히 엉망이었다. 나는 매클러스키가 마이클을 때리는 병원 씬을 촬영하지 못해서 상상가능한 최악의 상황을 맞았다. 게다가 스튜디오는 러쉬rush를 전혀 좋아하지 않았다." 윌리스의 말대로 "침침한 영상이 화면에 깔리자 도리스 데이의 영화에 익숙하던 사람들에게 공포감이 조성된 것처럼 보일 정도였다." 데일리는 너무나 침침해서 파라마운트의 중역들은 간신히 씰루엣 영상만을 볼 수 있었다. 지금까지 이러한 데일리를 보낸 사람은 아무도 없었다. 카니 콜리오네를 연기한 코폴라의 누이동생 탤리아 샤이어에 의하면 "화면은 너무나 어두워서 완전히 망가진 것 같았다." 에반스가 바트에게 물었다. "도대체 화면에 뭐가 있는거야? 내가 썬글래스를 썼나?"

두 번째 주일이 시작되자 브랜도가 도착했다. 코폴라에 의하면 "그들은 도대체 말을 알아들을 수가 없다면서 브랜도에게 불만을 터뜨렸다." 에반스도 가만히 있지 않았다. "이 영화 자막 깔 거야?" 제작자 그레이 프레드릭슨에 의하면 "브랜도가 써니 콜리오네의 시체를 보면서 '놈들이 내 아들에게 무슨 짓을 했는가 봐라'고 말하는 씬을 본 후 에반스가 루디에게 말했다. '이 친구는 정말 저능아로구만. 물론 브랜도에게서도 연기를 뽑아내지 못하지 않나. 이 연기는 내가 본 씬 중에서 가장 심한 과잉 연기, 최악의 연기다."

(중략)

최후의 순간까지 코폴라는 자신이 실패작을 만들었다고 믿었다. 그는 갓 이민 온 사람처럼 로스앤절리스에 있는 제임스 칸의 자그마한 하녀방에 묵으면서 자신의 일용급여per diem를 쌘프랜씨스코의 가족에게 송금했다. 어느 날 그는 친구인 프릿킨이 연출한 작품으로 막 개봉되어 선풍을 일으킨 〈프렌치 커넥션〉을 보러 갔다. 그는 보조편집자 한 명을 동반했다. 극장에서 나오면서 이 보조편집자는 이 영화에 환호했다. 코폴라가 "그래, 나는 실패했지. 나는 삼류 싸구려 음탕한 소설을 사내들이 컴컴한 방에 모여 중얼거리는 물건으로 만들었다구" 하고 자조했다. 이 보조편집자는 "말씀이 꼭 맞는다"고 맞장구쳤다.

(중략)

예술가를 자처하던 코폴라는 무엇보다도 자신이 이 영화를 연출하기로 동의한 사실 자체가 자신에게는 치명적인 타협이었다고 생각했고 이 죄책감은 이 영화가 어쨌든 실패하리라는 생각으로 가중되었으며 영화를 만드는 과정에서 겪었던 고난으로 더욱 악화된 상처를 보듬으면서 파리로 가서 각본을 썼다. 친구가 전화를 걸어 "〈대부〉가 어마어마하게 성공했다"고 말하자 그는 "그래? 별일이구만" 하고는 계속 각본에 매달렸다.

〈대부〉의 제작 과정은 말 그대로 악전고투였습니다. 이 작품이 성공할 거라고는 영화사 간부들은 물론, 메가폰을 잡은 감독 프랜시스 코폴라조차 믿지 않았지요. 개봉 직전 시사회에서조차 혹평일색이었습니다. 그렇지만 〈대부〉는 개봉 후 흥행과 비평 모두에서 어마어마한 성공을 거두었습니다. 코폴라는 단번에 할리우드에서 가장 영향력 있는 감독의 지위에 올랐고, 말론 브랜도는 긴 슬럼프를 딛고 다시금 최고 배우로 각광을 받았습니다. 이후 〈대부〉의 명성은 점점 더 커져서 역사상 제일 많은 사랑을 받은 걸작의 자리를 차지하게 되었지요. 지금도 가장 좋아하는 영화나 가장 훌륭하다고 생각하는 영화를 뽑을 때, 영화 팬들이 투표를 하면 거의 언제나 1, 2위를 차지하고는 하니까요.

영화를 포함한 예술사에서 발견되는 기이한 아이러니는, 최악의 조건에서 고행에 가까운 작업 끝에 억지로 만들어진 작품들이 영예로운 자리를 차지하는 예가 적지 않다는 것입니다. 도박 빚을 갚기 위해 써갈긴 도스토예프스키의 소설, 주문 시한에 맞추기 위해 서둘러 음표를 그려 넣었던 모차르트의 음악, 만든 사람 스스로가 타협의 산물이었다고 여기며 죄책감까지 가졌던 프랜시스 코폴라의 영화가 문학사와 음악사와 영화사에 길이 남을 빛나는 고전이 되어버린 사례를 확인할 때면 당혹감이 들기까지 합니다. 이와 반대로 〈매트릭스〉 이후의 워쇼스키 형제나 〈디어 헌터〉 이후의 마이클 치미노의 경우에서 보듯, 오히려 모든 것이 풍족하게 갖춰진 상황에서는 거대한 실패작이 나오기도 하지요.

그러니 창작에서 중요한 것은 조건이 아닐 겁니다. 쪼들리는 시간과 압박해오는 공간 사이의 어느 작은 지점에 위태롭게 버티고 선 채 절박한 몸부림으로 빚어낸 무엇인가가 최상의 결과를 빚어냈던 사례들을 정말 많이 만날 수 있으니까요.

예술가는 가난해야 한다는 주장을 하려는 게 아닙니다. 아무리 탁월한 재능이라고 할지라도 걸작은 의도와 야심으로 탄생하는 게 아니라는 것이지요. 그것은 만드는 이의 능력과 향유하는 이들의 반응과 작품이 놓이는 특수한 상황이 시공간의 은총을 입어 절묘하고도 신비롭게 결합되었을 때에야 가능해집니다. 창작 역시 시간과 공간이 빚어내는 일종의 우연으로부터 큰 영향을 받는다는 사실 앞에서, 예술은 비로소 이 비루한 삶에 진정한 위안이 되기도 합니다.

● **왜 우리는 끊임없이 거짓말을 할까**, 위르겐 슈미더 지음

정직과 무례

스스로를 '거짓말 잘하는 사람'이라고 생각하는 이는 거의 없겠지요. 절대적으로 많은 사람들이 '정직은 최고의 가치'라고 믿고 있을 테구요. 그런데 한 조사 결과에 따르면 우리는 4.8분에 한 번씩 거짓말을 하면서 산다는군요. 믿을 수 있으신가요?

독일의 신문기자인 위르겐 슈미더는 40일 동안 단 한 마디의 거짓말도 하지 않으면 어떤 일이 벌어지는지를 관찰하기로 하고 직접 그렇게 행동한 결과를 일일이 적어서 《왜 우리는 끊임없이 거짓말을 할까》라는 책으로 펴냈습니다. 그 중에서 그의 '거짓말 안 하기 프로젝트' 첫날, 기차역에서 무례한 열차 매표원에게 속엣말을 그대로 쏟아낼 때의 경험에 대한 부분을 읽어볼게요.

〉〉　　　그녀는 방탄유리 너머의 누군가를 쳐다보는 시선으로 그를 바라본다. "자동판매기로 가세요. 물론 거기서도 기다리셔야 할 거예요." 그녀는 이렇게 말하며 이 말 때문에 소름이라도 돋는 듯 살짝 몸을 떤다. 나도 모르게 에이브러햄 링컨의 명언이 떠오른다. "모든 사람은 고난을 견딜 수 있다. 상대의 성격을 테스트하고 싶거든 약간의 권력을 줘보라." 이 여자도 못돼 처먹은 것이 공영방송 수신료 징수 센터 직원이나 50킬로미터 걷기대회의 심판보다 더했으면 더했지 못하지는 않을 것 같다. 적정량의 사디즘이야말로 이 직업의 필수 조건이 아닐지!

이제 생일날 비만 내리는 게 아니다. 맥주도 없고 손님들도 대부분 오지 않겠다고 딱지를 놓았다. 지금 내 기분이 딱 그렇다.

앞을 가로막은 갈비뼈만 없으면 곧 튀어나올 것처럼 심장이 쿵쾅거리며 뛴다. 정말로 화가 났다. 처음엔 특가 요금 티켓이 없다고 하고, 그다음엔 4시간 30분짜리 티켓을 권하더니 이젠 불쌍한 청년을 파리에 못 가게 막고 있다.

보통 때 같으면 그녀에게 억지 미소를 지으며 티켓을 주문하고 아무 말 없이 돈을 주었을 것이다. 물론 한마디도 못 한 나의 비겁함에 잠시 짜증은 날 것이다. 하지만 늘어지게 하품을 하고 치즈버거를 먹으며 다시 잊어버릴 것이다.

그런데 오늘은 아니다.

오늘만큼은 철저하게 정직하고 싶고 완벽하게 솔직하고 싶다. 내 생애 처음으로. 나는 용기를 내서 생각의 창고에서 혓바닥을 거쳐 입으로 미끄러져 나오는 말을 거침없이 내뱉는다.

우선 이렇게 묻는다. "방금 뭐라고 하셨어요?"

그 탑 헤어스타일이 과도하긴 하지만 그녀가 차세대 유망주 모델이었다면 솔직히 그렇게까지 노골적인 표현은 쓰지 않았을 것이다. 5분 만에, 단 세 개의 뻔뻔한 문장으로 그녀는 호감 가는 40대 중반의 여성에서 '싸가지'로 탈바꿈했다.

그리고 예전 같으면 절대로 하지 않았을 일을 감행한다.

"이런 싸가지! 니가 하는 일이 뭐야? 이러니 사람들이 철도청 욕을 하지. 창구 서비스 요금을 2.5유로나 받겠다면서 당신 같은 인간을 고용해 손님 기차를 놓치게 만들다니. 당신 돌대가리 아냐?" 내 주장에 힘을 싣기 위해 주먹으로 창구를 내리치지만 효과는 예상보다 미미하다.

나는 목소리 크기와 어휘 선택에도 살짝 놀라지만 욕설에서 근거로 넘어가는 길에 너를 당신으로 바꿔치기한 스스로에게 감탄한다.

갑자기 주변이 조용해진다. 찍찍이 소리를 내며 발걸음을 옮기는 사람도 없다. 트림을 하는 사람도 없다.

여자는 금방 비가 올 거라는 말을 들은 사람처럼 몸을 떤다. "절더러 어쩌라는 거죠?"

나는 굴하지 않는다. "이런 싸가지를 봤나. 저 사람을 도와주는 게 당신 직업이잖아. 그런데 당신이 도도하게 아무 조치도 취해주지 않아서 지금 기차를 놓치게 생겼잖아." 이번엔 주먹을 내려 바지 주머니에 집어넣는다. 그녀가 몸을 부들부들 떤다. 《

상상만 해봐도 통쾌하죠? 손님들에게 쌀쌀맞게 내쏘는 매표원, 직급이 높다고 함부로 말하는 직장 상사, 은근슬쩍 자랑만 하면서 얄밉게 구는 친구에게 울화가 치밀어도 그냥 참고 살아야 하는 게 일상인 보통 사람들에게 슈미더의 일화는 거의 대리만족까지 주지요. 정말 하고 싶은 말을 매순간 여과 없이 그대로 뱉을 수 있다면 얼마나 속이 시원할까요.

 하지만 거짓말을 하지 않는 대가로 이 책의 저자 슈미더는 결국 40일간 수많은 고난을 겪습니다. 당장 앞의 저 매표원과의 입씨름 직후에 그는 기차 연착에 대해 차장에게 항의를 했는데 그 차장은 결국 슈미더가 기차를 기다리면서 담배를 피우고 있는 모습을 적발해 기어이 40유로의 벌금을 매깁니다. 슈미더는 자신이 알고 있는 친구의 비리에 대해 누가 물었을 때 아는 대로 고스란히 대답해 결국 우정을 잃습니다. 직장 동료들에게도 평소 맘에 안 들었던 부분에 대해 재수 없게 지적해 무례한 사람 취급을 받으며 회사에서 왕따가 됩니다. 그게 무리도 아니지요. 예의라는 것은 많은 부분 사회적으로 배려되고 순화된 거짓말이라고 할 수 있을 테니까요.

 하고 싶은 말을 꾹 참고 사는 것은 참 답답하기 그지없는 일입니다. 그렇다면 그 반대는 어떨까요. 슈미더의 책은 완벽하게 정직한 인간은 완벽하게 무례한 인간일 수 있다는 사실을 우리에게 알려줍니다. 정말이지, 우리 모두가 여과 없이 서로에 대해 속엣말을 그대로 밝히는 세상은 그야말로 지옥에 가까울지도 모릅니다. 현실에서도 그런 세상이 있지요. 바로 인터넷 포털 사이트의 댓글란이 그럴 거예요. 사안마다 지역과 성별과 계급 같은 것에 대한 끔찍한 편견을 최악의 표현으로 고스란히 드러내는 그 댓글들을 읽다 보면, 사람들의 마음속을 투명하게 고스란히 들여다보는 게 얼마나 무서운 일인지 짐작할 수 있으니까요. 결국 솔직한 것보다 더 중요한 것은 부대끼며 함께 살아가야 하는 이 세상에서 다른 사람들의 처지를 살펴볼 줄 아는 배려심일지도 모릅니다.

위대한 환자와 위험한 의사들, 외르크 치틀라우 지음

고통공포증

과학 저널리스트 외르크 치틀라우가 쓴 《위대한 환자와 위험한 의사들》은 케네디와 나폴레옹에서 니체와 베토벤까지, 의사의 황당한 오진과 부적절한 처방 때문에 고통 받거나 죽음을 맞은 위인들의 이야기를 다루고 있습니다. 말하자면 역사적 인물들이 겪은 의료사고의 역사라고 할까요. 여기에서는 약물을 과다 복용했던 엘비스 프레슬리의 사례를 보겠습니다.

>> 엘비스는 이제 하루에 다섯 번씩 치료를 받아야 했고, 약은 환자의 그때그때 상태에 맞추어 다르게 혼합되었다. 그 결과 엘비스는 특정한 약을 얻기 위해 의사 앞에서 쇼를 했다. 엘비스의 경호원 제임스 코

글리는 나중에 이렇게 말했다. "보스는 원하는 약을 최대한 많이 얻어 내기 위해서 아주 그럴듯한 증상들을 꾸며 냈다."

이런 사실들을 토대로 우리는 엘비스의 하루를 다음과 같이 구성해 볼 수 있다. 잠자리에서 일어나면(엘비스는 대개 오후에 일어났다) 일단 암페타민을 먹고 정신을 차린다. 한두 시간 뒤에는 원기를 촉진시키는 호르몬제 할로테스틴 주사를 맞지만 이미 수면제로 단련된 엘비스의 몸에는 별로 효과가 없다. 이와 동시에 호르몬제 주사로 인한 현기증을 없애는 약과 비타민 B12 주사도 맞는다. 자신의 고질적인 소화불량이 비타민 부족 탓이라고 여기기 때문이다. 저녁에는 공연을 준비하기 위해 다시 암페타민을 먹고 대소변 촉진제도 복용한다. 아편 유사제 오피오이드를 복용하는 탓에 장이 거의 제 기능을 하지 못하기 때문이다. 신장도 물론 각종 약들로 심한 스트레스 상태에 있다.

공연 한 시간 전에 엘비스는 닉 박사를 만나 호흡장애 때문에 늘 복용하는 코데인과 카페인을 건네받는다. 이것들은 그렇지 않아도 암페타민 때문에 흥분된 엘비스를 더욱 예민하게 만든다. 게다가 코데인에는 알레르기까지 있다. 이런 온갖 약물들의 자극을 가라앉히기 위해 공연이 끝난 뒤에는 항우울제 인데랄을 먹어서 혈압을 낮추고, 안티히스타민을 통해 기도의 피로를 안정시킨다. 무대의상 때문에 생긴 가려움증을 없애는 페리악틴도 빼놓을 수 없는 약이다. 마지막으로 잠자리에 들기 전에 다양한 종류의 수면제들 중 한 가지를 골라서 복용한다. 《《

엘비스 프레슬리는 세상을 떠나기 전 7개월 동안 무려 5,000정이 넘는 알약을 복용했다지요. 부검을 거친 후 표명된 그의 사인은 결국 '복합적인 약물 남용'이었고, 주치의인 니코풀로스는 환자에 대한 무분별 처방 혐의로 의사 면허를 3개월간 박탈당했습니다.

물론 병이 나면 적절한 치료를 받고 처방받은 적합한 약을 먹어야 합니다. 그러나 군 복무 시절 약제병으로 근무하면서 제가 알게 된 사실 하나는 약국에서 근무하는 사람일수록 약을 거의 먹지 않는다는 점이었지요.

하지만 엘비스 프레슬리 정도까지는 아닐지라도, 제 주변의 많은 사람들이 지나치게 약이나 건강보조제에 의존하고 있는 것을 봅니다. 식사를 너무 많이 하고 나면 소화제를 먹습니다. 폭음을 한 뒤에는 숙취해소제를 마시구요. 아침이면 복합영양제를 입에 넣고, 오후가 되어 피곤하면 피로회복제를 챙깁니다. 잠이 오면 각성제를, 잠이 오지 않으면 수면제를 털어넣습니다. 그런데 하루 세 끼 식사 때마다 즐겁고 산뜻하게 밥을 먹고, 아무리 술을 마셔도 취하지 않으며, 힘든 노동 후에도 늘 몸이 가뿐하며 어떤 걱정이 있어도 잠이 잘 오는 사람이 대체 얼마나 될까요.

종종 고통보다 더 문제가 되는 것은 고통에 대한 염려와 공포입니다. 그리고 삶에서 적당한 고통은 필수적인 생존의 조건과도 같은 것입니다. 우리 모두는 작은 배를 타고 거친 파도를 넘으면서 오래오래 항해해야 하는 생生의 고단한 순례자니까요.

왜 버스는 세 대씩 몰려다닐까, 리처드 로빈슨 지음

링고가 필요한 이유

'머피의 법칙'만큼 일상에서 자주 떠올리게 되는 법칙도 드물 겁니다. 내가 서 있는 줄은 항상 제일 느립니다. 양 손으로 물건을 들고 있으면 꼭 코끝이 간질간질해지구요. 한참을 기다리다가 지쳐 결국 택시를 잡아탔는데 바로 뒤에 기다리던 버스가 도착한 경험도 많으시지요? 심지어 지금 읽어볼 책의 제목처럼 '왜 버스는 세 대씩 몰려다닐까' 궁금합니다. 과학 저술가 리처드 로빈슨의 이 책은 우리가 흔히 접하는 머피의 법칙 사례들에 대해 인지과학적으로 설명하고 있습니다. 그 중에서 '비틀스에는 링고가 필요하다'라는 대목을 읽어볼게요.

>> 링고의 법칙은 비틀스의 나이스 가이 격인 링고 스타의 이름에

서 따온 것이다. 링고는 사랑스런 사내였지만 존재감이 있거나 외모가 뛰어나지는 않았다. 그는 노래를 잘 부르지 못했을 뿐 아니라 드럼 실력도 신통치 않았다. 비틀스의 많은 팬들은 왜 그를 탈퇴시키고 널리고 널린 진짜 실력 있는 드러머를 구하지 않는지 의아해 했다. 만약 그들이 링고를 내보내고 작사와 작곡이 가능하고 춤도 잘 추며 박사학위까지 가진 비범한 인물을 영입했다면 어떤 일이 발생했을까? 보나마나 그는 서열에서 더 높은 자리를 차지하기 위해 다툼을 벌였을 것이고, 일 년 내에 비틀스는 공중분해되고 말았을 것이다. 링고는 4인조 밴드에서 네 번째 자리를 기꺼이 받아들이는, 빠질 수 없는 나이스 가이였다.

한 농가의 안뜰에서 벌어진 유사한 사례가 있다. 농부는 네 마리의 암탉을 가지고 있었는데 그 서열이 명확했다. 암탉들은 매일 세 개씩 계란을 낳았는데 가장 낮은 서열의 암탉이 문제였다. 그래서 농부는 그 암탉을 팔고 알 잘 낳기로 소문난 원기왕성한 암탉으로 교체했다. 새로운 암탉은 자신의 서열을 높이기 위해 곧바로 싸움을 개시했다. 그 결과 암탉들은 계란을 두 개씩 낳게 되었다. 〈〈

저도 예전에 그런 생각을 한 적이 있었습니다. 존 레넌과 폴 매카트니와 조지 해리슨은 굉장한 아티스트인데, 그에 비하면 비틀스의 나머지 한 멤버인 링고 스타는 재능이나 실력이 너무 부족하다고요. 처음부터 함께 시작한 다른 세 멤버와 달리, 기존 드러머가 문제가 되어 링고 스타가 나중에야 팀에 합류하게 된 사연 역시 비틀스의 팬으로서 탐탁찮게 여겨졌지요. 링고 스타는 그저 운이 억세게 좋은 드러머였던 게 아닌가, 링고 스타가 결과적으로 비틀스의 일원으로서 이렇게 큰 명예와 인기와 부를 누리게 된 것은 말하자면 사회정의에 어긋나는 것이 아닌가, 뭐 이렇게 거창하게까지 생각하면서요. 하지만 앞의 읽어본 이 책의 내용처럼, 정말 그렇죠?

  비틀스는 두 명의 탁월한 뮤지션 존 레넌과 폴 매카트니의 대립만으로도 팀을 만든 지 몇 년 되지 않아 곧 위태로워졌는데, 네 번째 멤버인 링고 스타까지 비슷한 재능으로 경쟁하려 했다면, 정말이지 비틀스 후기의 명반들은 세상에 나오지도 못했을 거예요. 그리고 그 자체로 링고 스타 역시 그의 이름처럼 충분히 사랑스러운 '스타'였으니까요. 아마도 세상이 제대로 굴러갈 수 있는 것은 레넌들과 매카트니들과 해리슨들의 뒤에서 묵묵히 제 몫을 해내고 있는 링고 스타들 때문일 겁니다.

● **식물탄생신화**, 홀거 룬트 지음

슬픈 메아리

각양각색의 식물들이 어떻게 탄생하게 되었는지에 대한 신화가 적지 않지요. 홀거 룬트가 지은 《식물탄생신화》는 그런 이야기들을 담아놓은 책입니다. 상체는 인간, 하체는 염소인 판에게 쫓겨 도망치던 님프 시링크스는 아름다운 멜로디를 만들어내는 갈대가 되었구요, 아폴론의 첫사랑인 님프 다프네는 월계수가 되어 평화의 상징이 되기도 했지요. 그러면 수선화와 메아리가 어떻게 생겨났는지에 대한 그리스 신화를 보겠습니다.

》   님프 에코는 오케아노스의 여러 딸 중 하나로 헤라 여신을 섬기는 시녀였다. 어느 날 제우스가 님프 몇몇과 산에서 즐기고 있다는 정보

를 입수하고 달려가는 헤라를 에코가 붙들고 끝없는 수다를 늘어놓았고 화가 난 헤라는 벌로 에코가 말을 못하게 만들어버렸다. 상대방이 한 말의 마지막 단어만 따라할 수 있을 뿐이었다.

나르키소스는 강의 신 케피소스와 님프 리리오페의 아들로, 태어날 때 자신을 인식하는 순간 죽게 될 것이라는 예언을 들었다. 나르키소스는 무럭무럭 자라 아주 잘생긴 청년이 되었다. 어느 날 혼자서 꽃이 만발한 초원을 걷고 있던 나르키소스를 본 에코는 곧바로 불타는 사랑에 빠져버렸다. 하지만 말을 할 수 없어 사랑에 불타는 자신의 마음을 전할 수가 없었다. 에코의 바람이 얼마나 깊었겠는가! 그에게 다가가 말을 걸 수만 있다면……. 하지만 그녀가 할 수 있는 것이라고는 그의 마지막 말을 따라하는 것뿐이었다. 누군가 자신을 쫓아오고 있다는 것을 눈치 챈 나르키소스가 외쳤다.

"거기 누구요?"

에코가 대답했다.

"누구요?"

나르키소스는 당황하여 다시 소리쳤다.

"어서 나와요! 왜 숨는 거요?"

하지만 들려온 소리는 자신이 방금 한 말이었다. 결국 참다 못한 에코는 나르키소스에게 달려들어 말없이 사랑을 얻어내려 했지만 나르키소스는 놀라 도망치고 말았다. 상심한 에코는 외로운 숲 속으로 돌아왔고 식음을 전폐한 채 하루하루 말라갔다. 보다 못한 신들이 그녀를 돌로 만들었지만 목소리만은 그대로 두어 지금도 에코는 암벽에 숨어 등산객들

이 뱉은 말의 마지막 단어를 따라한다고 한다.　　《

흔히 이 이야기에서 사람들이 주목하는 것은 물에 비친 자신의 모습을 넋 놓고 보다가 수선화가 되어버린 나르키소스에 대한 것이죠. 수선화뿐만 아니라, 극단적인 자기애를 뜻하는 나르시시즘이란 말도 여기서 생겼구요.

그런데 저는 이 이야기를 들을 때마다 나르키소스보다는 에코의 사연에 더 마음이 갑니다. 이건 세상의 모든 짝사랑에 대한 원형 같은 이야기니까요. 에코는 남의 사랑에 대해서는 누구보다도 수다스럽게 참견했지만, 그게 정작 자신의 일이 되니 상대방이 한 말의 마지막 부분을 반복할 수밖에 없었지요. 그런데 그건 누군가의 등을 바라보면서 사랑을 하는 모든 사람이 마찬가지로 겪는 일일 겁니다.

주변 사람들의 짝사랑에 대해서는 수많은 진단과 충고를 쏟아내지만 그게 정작 자신의 일이 되어버리면 그저 자신이 바라보는 사람의 목소리를 나지막이 되뇌는 것만 할 수 있는 상황. 심지어 그 사람의 말이 나르키소스처럼 아무 뜻도 없이 윽박지르는 소리거나 무심하게 던지는 텅 빈 질문일지라도 말이에요. 그 사실을 알고 있었기에 프랑스 작가 마르셀 프루스트는 이렇게 말했을까요. "사랑을 찾은 인간과 기쁨을 찾는 인간이 동시에 될 수는 없다."

● **제5도살장**, 커트 보네거트 지음

신음 같은 질문

커트 보네거트는 대중적으로 폭넓은 인기를 누리는 소설가는 아니지만, 블랙유머와 강력한 풍자로 현대 미국문학에 커다란 영향을 끼친 작가이지요. 그의 대표작 중 하나인 《제5도살장》은 자신의 실제 체험에 바탕을 둔 매우 독특한 소설입니다. 스무 살 때 제2차 세계대전에 일등병으로 투입된 그는 독일군 포로가 되어서 '제5도살장'이라는 이름이 붙은 수용소에 억류된 적이 있었는데요, 그때 연합군의 대대적인 드레스덴 폭격으로 동료들이 숱하게 죽어간 상황에서 우연히도 지하 창고에 있었기에 간신히 목숨을 구합니다. 보네거트는 부조리와 우연이 온통 뒤흔들어버리는 개인의 삶과 인류의 역사를 경험하고서 훗날 농담과 환상이 뒤섞인 기이한 SF 반전反戰 소설인 바로 이 작품 《제5도살장》을 썼지요.

지금 소개할 부분은 그 중에서 외계인인 트랄파마도어인들에 의해 그들의 행성으로 끌려간 주인공 빌리 필그림이 외계인들과 나누는 대화입니다.

>>   기밀실에는 들여다보는 구멍이 두 개 나 있었는데, 그 구멍에는 노란 눈들이 바짝 붙어 있었다. 벽에는 스피커가 있었다. 트랄파마도어인들은 후두가 없었다. 그들은 텔레파시로 소통했다. 그들은 컴퓨터와 지구인의 모든 말소리를 만들어내는 어떤 전기 장치로 빌리와 대화할 수 있었다.

"승선을 환영하오, 필그림 선생." 스피커가 말했다. "물어보고 싶은 것이 있소?"

빌리는 입술을 핥으며 잠시 생각하다 마침내 이렇게 물었다. "왜 하필 나지요?"

"그것 참 지구인다운 질문이군, 필그림 선생. 왜 하필 당신이냐? 같은 식으로 생각하면 왜 하필 우리지? 왜 하필 어떤 것이지? 그 하필 어떤 것이지? 그 이유는 단지 이 순간이 존재하기 때문이오. 호박에 갇힌 벌레들을 본 적이 있소?"

"있습니다." 사실, 빌리의 사무실에는 문진이 하나 있었는데, 그것은 무당벌레 세 마리가 들어 있는 반질반질한 호박 덩이였다.

"필그림 선생, 우리는 지금 이 순간이라는 호박 속에 갇혀 있는 것이오. 왜라는 건 없소."   <<

그 많은 지구인들 중 자신을 골라 그들의 행성으로 데려갔다면 틀림없이 이유가 있을 거라고 빌리 필그림은 생각합니다. 하지만 '왜'냐고 묻는 그에게 트랄파마도어 외계인들은 그냥 사건이 일어나는 순간순간이 있을 뿐 '왜' 같은 것은 없다고 냉정하게 답할 뿐이지요.

살면서 겪게 되는 많은 문제는 질문을 잘못 던질 때 생깁니다. 이유가 없는 일에 '왜'를 묻거나, '왜'를 물어야 할 일에 '어떻게'를 질문할 때 문제는 꼬이고 커져만 가죠. "왜 가뒀냐"가 아니라 "왜 풀어줬냐"를 물어야 했을 영화 〈올드보이〉의 경우처럼, 질문의 방향이 잘못되어 고통이 커지는 경우도 종종 생깁니다.

하지만 받아들이기 어렵거나 이해할 수 없는 일들이 발생하는 것을 보면서, 혼돈 속을 헤쳐 나가는 사람들이 어떻게 정확히 매번 꿰뚫어 질문하거나, 질문하지 않고 그냥 받아들이기만 할 수 있겠어요. 수긍하기 어려운 뉴스가 매일같이 우리 귓가에 쉴 새 없이 들려오는데 어떻게 불쑥 질문이라도 내뱉지 않을 수 있겠습니까.

모든 물음이 답을 필요로 하는 것은 아니지요. 어쩌면 질문이라는 것은 그 자체로, 고통에 직면한 인간이 내뱉은 작은 신음소리 같은 것인지도 모릅니다.

물고기 마음, 루시드 폴 지음

선과 선의지

뮤지션 루시드 폴은 단지 노랫말을 잘 쓰는 것이 아니라, 그 자체로 훌륭한 시인이라고 할 수 있을 겁니다. 루시드 폴이란 예명으로 활동하고 있는 조윤석씨의 가사들을 곱씹으면서 감동을 느낄 때가 많았는데, 그의 노랫말을 한데 모아 발간한 가사집《물고기 마음》을 쭈욱 읽다 보니 더욱 그렇더군요. 그는 평소에 백석과 마종기 시인의 시들을 읽으며 영감을 많이 받는다고 하는데요, 운을 잘 맞춘 가사들이 저절로 리듬을 타며 귓전을 울립니다. 그러고 보니 그의 노래들은 말하지 않고 읊조린다고 할 수 있을 겁니다. 외치지 않고 속삭이며, 내뱉지 않고 삼킨다고 할 수도 있을 거구요. 그 중에서도 제가 특히 좋아하는 〈사람이었네〉 노랫말을 읽어보겠습니다. 직접 소리 내어 천천히 읽어보시면 아마 더욱 느낌이 진하게 다가올 거예요.

>>   어느 문 닫은 상점
길게 늘어진 카페트
갑자기 내게 말을 거네.

난 중동의 소녀
방안에 갇힌 14살
하루 1달러를 버는

난 푸른 빛 커피
향을 자세히 맡으니
익숙한 땅, 흙의 냄새

난 아프리카의 신
열매의 주인
땅의 주인

문득, 어제 산 외투
내 가슴팍에 기대
눈물 흘리며 하소연하네.
내 말 좀 들어달라고

난 사람이었네.
어느 날 문득 이 옷이 되어 팔려왔지만

난 사람이었네.
공장 속에서 이 옷이 되어 팔려왔지만

자본이란 이름에 세계라는 이름에 정의라는 이름에 개발이란 이름에
세련된 너의 폭력 세련된 너의 착취 세련된 너의 전쟁 세련된 너의 파괴

자본이란 이름에 세계라는 이름에 정의라는 이름에 개발이란 이름에
세련된 너의 폭력 세련된 너의 착취 세련된 너의 전쟁 세련된 너의 파괴

붉게 화려한 루비
벌거벗은 청년이 되어
돌처럼 굳은 손을 내밀며
내 빈 가슴 좀 보라고

난 심장이었네.
탄광 속에서 반지가 되어 팔려왔지만

난 심장이었네.
어느 날 문득 반지가 되어 팔려왔지만

난 사람이었네.

사람이었네.

사람이었네.

사람이었네. 《

오후의 나른함을 달래주는 향기로운 커피에서는 가만히 맡아보면 어느 척박한 땅의 흙냄새가 날지도 모릅니다. 지독한 겨울의 추위로부터 나를 지켜주는 외투에는 어떤 아이의 눈물 자국이 남아 있을지도 모르구요. 멋지다고 폼 난다고 편하다고 싸다고, 우리가 즐겁게 소비했던 물건들이 누군가가 뽑아낸 한숨의 산물인 것을 뒤늦게 알게 될 때, 마음이 편치 않게 되지요. 물론 우리가 값을 치르고 사게 되는 모든 제품이 어떻게 만들어졌는지를 전부 파악하고 구입할 수는 없을 겁니다. 하지만 이제 모든 사람이 이웃이 되었고 지구 전체는 한 마을이 되었다고 떠들어대는 세계화의 그늘 속에서 칠레의 연어 양식장에서 일하는 임산부와 방글라데시의 청바지 공장에서 작업하는 소녀와 파키스탄의 축구공 제조업체에서 밤을 새우는 소년은 더 이상 우리와 무관한 사람들이 아닙니다.

윤리적 소비만으로 그 모든 불합리하고 불공정한 노동 현장의 문제가 다 해결되지는 않겠죠. 어쩌면 아래에서부터의 윤리적 소비보다는 위로부터의 윤리적 생산을 이끌어내는 제도적 뒷받침이 훨씬 더 효율적일 수도 있구요. 하지만 윤리적 소비를 하려는 마음 자체는 굉장히 소중할 것 같습니다. 그건 무엇보다 세상을 바라보는 하나의 시선을 제공할 테니까요.

　좀 역설적으로 말해볼까요. 이 세상에 그 자체로 선한 사람들은 없습니다. 그저 선하려고 노력하는 사람들이 있을 뿐이죠. 결국 선이라는 것은 선하려는 의지를 일컫는 말일 뿐입니다. 저는 그렇게 믿습니다.

● **어느 철학자가 보낸 편지**, 미키 기요시 지음

재발견의 효능

《어느 철학자가 보낸 편지》는 제2차 세계대전 말기에 반전사상을 내세 웠다는 이유로 투옥되어 감옥에서 쉰 살이 되기 전에 요절한 일본의 철 학자 미키 기요시의 인생에 관한 수상록입니다. 죽음, 행복, 고독, 질 투, 성공, 희망 등에 대한 묵직하고도 울림 있는 글들을 읽을 수 있는데 요, 그 중에서 여행에 대한 미키 기요시의 견해를 담은 부분을 옮겨볼 게요.

>> 여행의 이익은 단지 전혀 보지 못했던 것을 처음 보는 데 있는 게 아니고—완전히 새롭다고 할 수 있는 것이 세상에 있을 수 있을까— 오히려 평소 낯익은 것, 이미 알고 있는 것처럼 생각하던 것에 경이를 느

끼고 새롭게 다시 보는 데에 있다.

우리의 일상 생활은 행동적이어서, 도착점 혹은 결과에만 관심이 있을 뿐, 그밖의 것, 도중의 것, 과정은 이미 알고 있는 것으로 전제되어 있다.

매일 습관적으로 출근하는 사람은, 그 날 집을 나와서 사무실까지 오는 동안에 그가 무엇을 했고 무엇을 만났는가를 아마도 생각해 낼 수가 없을 것이다. 그러나 여행에 있어서 우리는 순수하게 관상적으로 될 수가 있다. 여행하는 사람은 행하는 자가 아니라 보는 사람인 것이다.

이와 같이 순수하게 관상적으로 됨으로써 평소 이미 알고 있는 것, 자명한 것이라고 전제하던 것에 대해서 우리는 새롭게 경이감을 느끼거나 호기심을 느낀다.

여행이 경험이며, 교육인 것도 이 때문이다.

삶을 여행에 종종 비유하는 이유 중 하나는 모두 목적지가 아니라 여정 자체가 중요하기 때문일 겁니다. 여행이라는 경험은 특정 장소에 가서 겪게 되는 일뿐만 아니라, 그곳에 가거나 그곳에서 돌아오는 이동의 과정까지 모두 포함하는 것이니까요.

세계 각지의 영화 촬영지 40여 곳을 다녀와서 세 권의 여행기로 펴낸 적이 있는 제게 가장 인상적이었던 여행이 어떤 것이었는지를 묻는다면, 그리스의 작은 섬 카스텔로리조 여행이라고 말할 것 같습니다.

10여 년 전, 이탈리아 영화 〈지중해〉를 촬영했던 그 섬에 가기 위해서 시작부터 정말 많은 시행착오를 거쳤습니다. 당시에는 인터넷 정보가 많지 않아 영화 속에서 미기스타라는 이름으로 나오는 그 섬이 현재는 카스텔로리조로 불린다는 사실을 알아내는 데만도 많은 노력을 기울여야 했지요.

그리스 에게 해의 남동쪽 끝에 위치한 그 작고 외딴 섬에 가기 위해서는 일단 이탈리아 로마까지 날아간 뒤 비행기를 갈아타고 그리스 아테네로 가야 했습니다. 아테네에서 다시금 로도스 섬까지 가는 비행기를 새벽 4시 55분에 타야 했고, 로도스 섬에 도착한 후 일주일에 딱 두 번밖에 없는 카스텔로리조 섬으로 가는 비행기 시간에 맞춰 또다시 공항에 가야 했지요. 그리고 마침내 손바닥만 한 카스텔로리조 공항에 내리고 난 뒤에는 섬 전체에 하나밖에 없는 낡은 버스를 타고 한참을 덜커덩거리며 달린 끝에 기진맥진해서 간신히 마을에 당도했습니다.

당시에는 그 여정이 소모적이고 피곤하게만 여겨졌습니다. 하지만 지금 카스텔로리조 여행을 생각하면 그 섬 마을에 머물면서 겪었던 일 못지않게, 그곳으로 가거나 그곳에서 돌아오는 행로 자체가 인상적으로 떠오릅니다.

어둠을 뚫고 아테네에서 로도스로 날아갈 때 아래로 보이던 푸른 사막 같은 포세이돈의 바다, 로도스에서 다시 카스텔로리조로 비행할 때 탔던 12인승 소형 비행기의 갈라진 틈을 테이프로 붙여놓은 작은 유리창, 함께 타고 간 네 명의 그리스 가족 승객들 중 눈길이 마주칠 때마다 활짝 웃으며 고개를 돌리던 앞니 빠진 어린 소녀의 얼굴, 카스텔로리조의 흙바닥 활주로에 내려서 공항 건물까지 걸어갈 때 쏟아지던 강렬한 햇살, 공항에서 우리를 처음 반갑게 맞아주던 조르바를 닮은 작은 술집

주인 니키타스. 미키 기요시의 말처럼, 여행을 하는 사람은 행하는 자가 아니라 보는 자이면서 동시에 관조하는 자이고 반추하는 자인 것이지요.

여행을 떠난다고 새 하늘과 새 땅과 새 바다를 볼 수 있는 것은 아닙니다. 물론 여행지의 풍광이 유독 멋질 수도 있겠지만, 그곳이 멋지게 느껴질 수 있는 더 근본적인 이유는 일상에서는 우리가 하늘과 땅과 바다를 눈여겨보지 않기 때문이겠지요.

그러니까, 여행이 우리에게 선사하는 것은 발견이 아니라 재발견입니다. 떠날 때의 흥분과 돌아올 때의 관조. 여행지에서, 우리는 우리의 마음속을, 찬찬히, 비로소 들여다봅니다.

...03

시간, 칼하인츠 A. 가이슬러 지음

기다림의 선물

오늘밤 만나볼 책은 독일 문필가 칼하인츠 A. 가이슬러가 쓴 《시간》입니다. 이 책은 제목 그대로 '시간'에 대한 오랜 탐구의 결실을 모았는데요, 가이슬러는 문학, 철학, 경제학, 사회학 등 여러 분야를 넘나들면서 시간에 대한 특유의 유려한 상념을 펼쳐내고 있지요. '시작과 끝' '사랑의 시간' '느림' '휴식' '즐거운 쉬는 월요일' 등 일상 속 시간의 다양한 모습을 엿볼 수 있습니다. 그 중에서 기다림에 대한 부분을 읽어봅니다.

>> 레만Rcmann에 의하면 기다림은 "행복의 느낌 중에서 가장 존중받지 못하는 느낌이다. (…) 인간이 진정 기다리는 것 때문에 불행해졌다면 오래전에 기다림을 그만두었을 것이다." 기다림이란 어떤 경우

에도, 강제적으로 행동을 포기하는 것이 아니라 행동의 특별한 질을 표현한 것이다. 기다릴 수 있다는 것은 '시간이 있다는 것'을 의미한다. ─ 그런 기다림의 시간은 특별하고도 매력적인 것이다. 그것은 성급하게 결과를 보여줘야 한다는 압박을 받지 않는 시간이다. 무언가를 수확하려는 사람은─모든 농부들이 잘 알고 있는 것처럼─기다릴 수 있어야 한다. 기다림의 기술을 가장 잘 구사하는 사람이 가장 아름다운 사과를 수확할 수 있다. 기다림이란 행동의 포기가 아니라 창조적인 행동이다.

(중략)

기다리는 시간은 선물이다. 니체는 이렇게 묘사했다.

기다림을 맞을 준비를 하는 것. 그것은 새로운 원천이 솟구쳐오름을 기다리는 것이다. 고독 속에서 낯선 얼굴과 목소리를 준비하는 것이다. (…) 자기 자신 속에서 남쪽을 다시 발견하고 밝게 빛나는 비밀스런 남쪽의 하늘을 자신 위에 펼치는 것이다.……

그리고 그런 묘사는 다른 곳에서 서정시의 형태로 다시 한번 나온다.

실스 마리아

나는 여기 앉아 기다리고 또 기다렸네. 그 무엇도 기다리지 않으면서
선악의 피안에서, 가끔은 빛을 즐기고
가끔은 그림자를 즐겨도 그건 다만 놀이일 뿐.

오직 호수와 정오와 목적도 없는 시간뿐.

오, 연인이여! 그 때 갑자기 하나가 둘이 되었다.

─그리고 짜라투스트라는 내 곁을 지나갔다.……

발터 벤야민은 "기다리는 사람은 시간을 초대한다"고 했습니다. 사실 바쁜 일상 속에서 쫓기고 떠밀려 살아가다보면 우리가 시간을 쪼개 쓰는 게 아니라 시간이 우리를 쪼개서 쓰는 듯한 느낌이 들지요. 자명종이야말로 악마의 발명품이 아닌가 싶기도 하구요.

하지만 무엇인가를 기다릴 때만큼은 그렇지 않습니다. 기다리는 순간만큼은 우리가 비로소 주인이 되어서 시간을 느긋하게 초대할 수 있는 거니까요. 그렇게 무엇인가를 혹은 누군가를 기다리고 있을 때, 시간은 우리 앞에 입자 하나하나를 드러내면서 초대에 응합니다.

어쩌면 정말로 중요한 것은 이 기다림의 끝에서 무엇을 혹은 누구를 만날 수 있는지가 아닌지도 모릅니다. 기다림 자체가 삶의 묵은 시간을 끊임없이 끌어올려 일신하게 하는 기본 동력일 수도 있습니다.

● **낯선 여름**, 구효서 지음

시선의 폭력

1994년에 발표된 구효서씨의 장편소설 《낯선 여름》을 펼쳐듭니다. 이 소설은 홍상수 감독의 데뷔작 〈돼지가 우물에 빠진 날〉의 원작이지만, 정작 두 작품은 두 주인공 캐릭터와 일부 설정만 같을 뿐, 사실상 완전히 다른 내용의 창작물이라고 할 수 있지요. 남자 주인공이 '그녀'를 처음 본, 광화문의 한 패스트푸드점에서의 이야기를 읽어보겠습니다.

》   나의 작고 허름한 집이 효자동에 있었으므로, 종종 광화문엘 나갔다. 거기엔 굉장히 큰 서점이 있고, 근처엔 화랑도 있고, 낙엽 쌓이는 걸 볼 수 있는 고궁과, 석조건물이 드리운 큰 그늘도 있다.

내가 패스트푸드점에 들르는 것은 그곳의 음식들에선 김이 나지 않기 때문이다. 무엇을 먹는다는 게 지극히 귀찮고 성가시게 느껴지던 때(1년에 2, 3일 그러는 수가 있다.)였으므로, 뜨겁거나 잘 삶아져 김이 피어오르는 음식을 먹는다는 게 고통스러웠다.

식탁에 앉아 주문한 음식이 나올 때까지 기다리면서 무료하게 주위 사람들을 둘러보아야 한다는 것도 내겐 힘든 일이었다.

음식을 먹으면서 이마에 어리는 땀을 의식한다는 건 더욱 참을 수 없었다. 더구나 포식이라도 한다면 나는 누구에게 이유 없이 뺨을 얻어터진 것처럼 마구 식식거리니까.

그러니까 패스트푸드점인 것이다. 빠르면 5분만에 무엇을 먹고 천연스레 빠져나올 수 있는 곳이 그곳이다.

그곳에서도 나는 입을 따악 벌려야만 하는 몇층짜리 햄버거 따위는 먹지 않는다. 기껏해야 야채샐러드거나, 오백원짜리 동전만한 치킨 볼을 칠리소스에 찍어 우물거릴 뿐이다. 동아일보 사옥이나 광화문 우체국의 빨간 문을 바라보며.

언제부턴가 나는 나의 시야를 25센티에 가두는 버릇이 생겼다.

내 집은 사시사철 습하고 어두웠다. 그래서 하루종일 백열전구를 켜놓지 않으면 안 되었다. 그곳에 처박혀 나는 글을 쓰거나 글을 읽었다. 밥을 먹고 큰 벌레처럼 뒹굴었다. 결코 먼 곳을 보지 않았다.

눈을 혹사해야 편안해지는 이상한 버릇이 서른한 살 때부터 생긴 듯하다. 패스트푸드점에 앉아 치킨볼을 우물거리며 동아일보 사옥이나 광화문 우체국의 빨간 문을 바라보는 것도, 결국은 눈을 더욱 혹사하기 위해 잠시 놓아주는 것일 뿐이다.

패스트푸드점에 가실 때는 어떤 이유인가요. 햄버거가 먹고 싶은 분들도 있겠고, 제대로 먹기에는 시간이 충분치 않기에 찾아가는 분도 있겠지요. 저는 《낯선 여름》의 주인공처럼, 먹는 게 귀찮을 때, 그리고 혼자일 때 주로 갑니다. 패스트푸드점에 가면 저는 최대한 다른 사람들과 시선을 마주치지 않는 자리에 앉습니다. 혼자 점심이나 저녁을 때우고 있을 때, 누군가의 시선은 부담스러운 일이니까요.

그럴 때 저는 역시 《낯선 여름》의 주인공처럼, 먼 곳을 멍하니 바라보면서 우물우물 햄버거를 씹습니다. 그때 눈은 바깥을 바라보지만 결국은 아무것도 보고 있지 않고, 두 눈을 뜨고 있지만 사실상 감고 있는 거나 마찬가지죠. 두 눈이 스스로의 기능을 포기하고 멍해질 때, 왁자지껄한 패스트푸드점 내부는 비로소 편안하게 느껴지기 시작합니다.

영화의 초창기에는 연기자들이 카메라 렌즈를 쳐다보는 게 금기시되었지요. 어두운 극장 안에서 응시하는 관객들이 스크린 속 배우들과 눈이 마주치게 되면 당황하게 되니까요. 그런데 오늘날로 올수록 이전에는 확실하게 렌즈를 벗어난 곳을 바라보던 연기자들이 점점 더 카메라 가까이를 바라보게 되었습니다. 심지어 예술영화가 아닌데도, 정면으로 카메라를 쳐다보는 경우도 꽤 나오게 되었구요. 이건 현대인들에게 똑바로 시선을 받아내는 것이 이제 더 이상 당혹스러운 일이 아니라는 증거의 하나인 것일까요.

거리에서 마주치는 사람들로부터 영화 속 배우들, 심지어 건물 곳곳의 CC-TV까지, 이제 우리의 일상은 시선으로 가득 차 있습니다. 대화를 나누면서 서로를 부드럽게 응시할 때, 시선만큼 따뜻하게 느껴지는 게 또 있겠습니까. 하지만 그럴 필요 없는 곳에서조차 만인이 만인에게 번뜩이는 시선을 내쏘고 있는 현대 사회에는 폭력적이고 무례한 시선들 또한 너무 많은 게 아닐까요.

배꼽티를 입은 문화, 찰스 패너티 지음

남자와 우산

찰스 패너티의 《배꼽티를 입은 문화》는 인류의 문화사를 독특한 유래와 흥미로운 에피소드 중심으로 다루고 있는 가벼운 교양서입니다. 여성의 전유물로 여겨지는 하이힐을 유행시킨 것이 사실은 남자였다든가 하는 이야기부터 지금 어린이들에게 읽히는 많은 동화들이 매우 잔혹한 설화에서 시작되었다는 이야기까지 다양한 내용을 소개하고 있습니다. 그 중에서 우산의 보급을 위해 평생을 헌신한 사람에 대한 다음 이야기를 한번 볼까요.

》》 18세기 유럽에서 파라솔과 우산은 오랜 기간 동안 여성의 복식품이라고 여겨졌다. 미국에서는 훨씬 오랫동안 그러한 생각이 이어졌

다. 그 동안 남성은 모자를 쓴 채 비에 젖은 생쥐가 되어 있었던 것이다. 비를 심각하게 피하는 일은 남성에게 어떤 금기 사항으로 여겨지고 있었다.

16세기 프랑스의 인기 작가인 앙리 에티엔은 우산을 쓴 남성에 대한 유럽 사람들의 견해를 이렇게 기록하고 있다.

"만약 프랑스 여성이 우산을 쓰고 있는 남성을 보면 여자 같은 남자라고 경멸할 것이다."

우산을 남성용의 훌륭한 우산으로 만든 것은 영국 신사인 조나스 헌웨이다. 그가 이것을 이룩한 것은 한결같이 꺾이지 않는 의지를 가지고 사람들의 조롱과 굴욕을 견딘 결과였다.

러시아나 극동과의 무역으로 부를 쌓은 헌웨이는 38세에 은퇴한 뒤 병원이나 고아원 건설, 그리고 그가 사랑하는 우산의 보급에 모든 정열을 쏟아부었다.

1750년부터 헌웨이는 비가 내리건 해가 내리쬐건 우산 없이 외출하는 일은 거의 없었다. 그가 나타나는 곳에는 항상 센세이션이 일었다. 옛날의 사업 파트너들은 당장 그를 여자 같은 남자라고 깔보기 시작했다. 마을의 건달들은 그를 조롱했다.

마차 가게는 우산이 비를 피하는 도구로 세상에 받아들여지면 장사를 못 하게 될 것이므로 일부러 마차를 물구덩이로 몰아 헌웨이에게 흙탕물을 튀기곤 했다.

하지만 헌웨이는 조금도 굽히지 않고 남은 30년의 생애 동안 계속 우산을 들고 다녔다. 사람들은 점점 비가 내릴 때마다 마차를 부르기보다는 한 번만 투자를 하여 우산을 찾는 편이 싸게 먹힌다는 사실을 깨달았다. 이것이 런던에서는 분명한 절약이었다.

경제성 때문인지 아니면 보기에 익숙해졌기 때문인지 오랫동안 우산을 따라다니던 여자 같다는 오명은 반납되었다.

조나스 헌웨이가 1786년에 세상을 뜰 때까지 우산은 비가 오는 날이면 영국 신사들의 손에 들려 있었고 '헌웨이스'라고 불리게 되었다.

그러니까 신념이란 정치적 이상이나 숭고한 인류애처럼 웅대한 목표에 대해서만 발휘될 수 있는 게 아닙니다. 실생활에서의 작은 습관이나 스타일을 지켜내는 데에도 신념이 필요할 때가 있지요. 만인이 대중의 이름으로 그리고 상식이라는 미명하에 개인의 취향에 개입하고 감시하는 일이 잦은 요즘 사회에서는 더 그럴지도 모릅니다. 신념이 없다면 여가 시간에 어떤 취미를 즐길 것인가에서부터 직장에서 옷을 입는 방식까지, 그야말로 정체불명의 '보편적 양식'에 맞춰 살아가게 되기가 십상이니까요.

남에게 피해를 끼치지 않는 일이라면, 자신의 삶의 방식은 스스로가 지켜내야 할 겁니다. 그래야 가뜩이나 뜻대로 되지 않는 우리의 삶이 그나마 우리 자신의 페이스에 가깝게 흘러갈 수 있을 테니까요. 그러니 조나스 헌웨이 같은 사람이 고마울 수밖에 없지요. 그가 없었다고 해서 남자들이 영영 우산을 사용하지 못하게 되지는 않았겠지만, 그런 사람들이 있었기에 남들의 눈총을 의식하느라 불편하게 사는 일을 좀더 쉽게 막을 수 있었을 테니까요.

요 몇 년 사이처럼 비가 거의 양동이로 퍼붓는 것 같은 장마철이면 더더욱 그렇지요. 여자 같은 남자란 소리를 좀 듣는 게 낫지, 남자답게 산답시고 어떻게 그 비를 다 맞고 다니겠어요. 조나스 헌웨이씨, 감사합니다.

1Q84, 무라카미 하루키 지음

생략의 미학

일본뿐만 아니라 국내에서도 초대형 베스트셀러가 된 무라카미 하루키의 소설 《1Q84》를 읽어보신 분들이 많겠네요. 과묵하고 스타일리시한 암살자 아오마메, 천재적인 문학성을 가진 신비한 소녀 후카에리 그리고 작가 지망생 덴고를 둘러싼 이야기를 현실과 환상을 오가면서 펼치는 대작이지요. 개인적으로 이 소설에 대해서 아쉬움이 전혀 없지는 않았지만, 이야기꾼으로서의 무라카미 하루키의 대단한 능력만큼은 거듭 찬탄을 연발하며 읽었던 기억이 있습니다. 작가란 하나의 새로운 세계를 창조해내는 게 궁극적인 목표라는 점을 생각하면, 하루키만큼 캐릭터와 그 캐릭터가 살아 움직이는 세계 하나를 멋지게 만들어내는 창작자도 흔치 않을 테니까요.

《1Q84》1권 중에서, 소녀 작가인 후카에리의 〈공기 번데기〉라는 소설을 학원 강사이자 작가 지망생인 덴고가 보완하는 과정에서 일어나는 일의 한 부분을 읽어볼게요. 덴고에게 원고를 고쳐 쓰라고 지시했던 편집자 고마쓰가 중간 평가를 하는 대목이죠.

>> "방금도 말했듯이 자네가 고친 「공기 번데기」는 완벽에 가까워. 정말 대단해." 그렇게 고마쓰는 이야기를 계속했다. "다만 딱 한 군데, 가능하면 다시 써줬으면 하는 부분이 있어. 지금이 아니라도 돼. 신인상 단계에서는 이 상태로도 충분해. 상을 타고 잡지에 게재될 때 다시 손을 보면 되니까."

"어떤 부분인데요?"

"리틀 피플이 공기 번데기를 만들어낼 때 달이 두 개가 되지. 소녀가 하늘을 올려다보자 하늘에 두 개의 달이 떠 있어. 그 부분 기억하지?"

"물론 기억하죠."

"내 의견을 말하자면, 그 두 개의 달에 대한 언급이 충분하지 않아. 어딘가 미흡해. 좀더 상세하게 구체적으로 묘사해주면 좋겠어. 주문할 건 그 부분뿐이야."

"확실히 묘사가 약간 불친절하게 느껴질 수도 있겠지요. 하지만 저는 설명이 지나쳐서 후카에리의 원문이 가진 흐름을 무너뜨리는 건 피하고 싶었어요."

고마쓰는 담배를 끼운 손을 쳐들었다. "덴고, 이렇게 생각해봐. 독자들은 달이 하나 떠 있는 하늘은 지금까지 수없이 봤어. 그렇지? 하지만 하늘에 달 두 개가 나란히 떠 있는 장면을 목격한 적은 없을 거라고. 대부분의 독자가 지금까지 본 적 없는 것을 소설 속에 끌어들일 때는 되도록 상세하고 적확한 묘사가 필요해. 생략해도 괜찮은 것, 혹은 반드시 생략해야 하는 것은 대부분의 독자가 이미 목격한 적이 있는 것에 대한 묘사야." 《

단순화해서 말한다면, 창작이란, 그게 소설이든 그림이든 영화든, 결국 무엇을 묘사하고 무엇을 묘사하지 않을까를 결정하는 문제입니다. 많은 사람들이 창작물 속에서 묘사된 것에만 관심을 기울이지만, 사실 그 창작물에서 묘사된 것이 빛을 발하는 것은, 그 묘사를 도드라지게 하기 위해 생략된 수많은 것이 있기에 가능해지는 것이지요.

 소설을 쓰며 작가가 사랑에 빠진 남녀가 키스하는 모습을 장면마다 묘사하면, 그 소설은 곧 육체적 접촉의 지루한 나열로 변해버립니다. 초반부터 요란한 카메라 워크와 휘황한 편집으로 시작해서 끝까지 그런 방식이 지속되는 영화를 보면 관객은 곧 테크닉이 주는 자극에 둔감해져버립니다. 눈에 보이는 모든 것을 극사실주의적으로 꼼꼼히 다 그려낸 그림은 대부분, 사진과의 변별력을 확보하지 못합니다. 그러니까 정말 훌륭한 예술가는 잘 묘사하는 사람이기도 하지만 동시에 잘 생략하는 사람이기도 한 것이겠지요.

 우리의 실제 일상은 그렇지 않습니다. 아무리 지루해도 하루에 세 번 꼬박 밥을 먹어야 하고 일곱 시간씩 꼬박 잠을 자야 하고 두 시간씩 꼬박 지하철과 버스로 왕복해가며 하루 여덟 시간 이상을 꼬박 공부하거나 일을 해야 합니다. 그 모든 일을 웬만해서는 생략할 수 없습니다. 하지만 예술은 그렇게 할 수 있습니다. 이야기에서 정말 주목 받아야 할 요소들에만 집중하는 것. 어쩌면 예술이 우리에게 소중하게 여겨지는 이유 중 하나는 생략할 수 있는 능력에 있는지도 모릅니다.

논쟁이 있는 사진의 역사, 다니엘 지라르댕 · 크리스티앙 피르케르 지음

구경꾼의 윤리

다니엘 지라르댕과 크리스티앙 피르케르가 함께 쓴 《논쟁이 있는 사진의 역사》라는 책은 19세기 말 사진의 태동기부터 최근까지 사진 역사에서 가장 큰 논쟁을 일으켰던 73편의 사진들을 소개하고 있습니다. 찰나의 포착이자 정지된 시간의 기록이라는 특성을 가진 사진이라는 매체가 직면해온 딜레마와 아이러니를 심층적으로 파고들고 있지요. 때로는 긴 글보다 한 장의 사진이 더 많은 메시지를 전달하기도 하고 그런 역할이 예상하지 못한 파장을 일으키기도 하는데요, 앙상하게 마른 채 굶주려 죽어가는 아프리카 수단의 어느 어린 소녀 바로 옆에 독수리가 앉아 있는 모습을 생생하게 찍은 사진, 보신 적 있으신가요. 남아프리카공화국 출신의 사진작가 케빈 카터가 찍었던 바로 그 사진이 일으

킨 논란에 대해 읽어보겠습니다.

>> 케빈 카터의 운명은 보도 사진의 역사에서 가장 극적이다. 그는 유명해졌지만, 그 성공 덕에 희생되었다.

카터가 1993년에 내전과 특히 원조 식량 횡령으로 가중된 기근의 참상을 취재하러 수단에 갔을 때 그는 신출내기가 아니었다. 이 남아프리카 청년 사진가는 자신이 반대했던 정권이 인종 차별 정책을 펴던 시대에 고국에서 그 갈등을 취재했기 때문에 아프리카 대륙을 잘 알고 있었다. 수단에 도착한 그는 다른 사진가들과 함께 아요드 마을과 식량 기지 부근에 자리를 잡았다. 그는 굶주리고 병든 주민을 보았다. 바로 거기에서 그는 먹을 것을 배급하는 곳으로 기를 쓰며 기어가는 소녀를 촬영했다. 그 뒤에서 독수리 한 마리가 소녀가 기력을 잃을 때를 기다리며 노골적으로 노려보고 있었다. 카터는 그 사진이 이 지역에 창궐하는 고통과 참상을 강력하게 상징하는 것이 될 수 있겠다 생각하고 사진 촬영을 시작했다. 그러고 나서 그 모습에 깊이 충격을 받은 그는 독수리를 쫓아버리고 자신도 멀리 도망쳤다. 〈나는 마을에서 1~2킬로미터를 내달린 끝에 울음을 터트리고 말았다〉고 카터는 썼다.

1993년 3월 26일, 사진은 「뉴욕 타임스」에 실렸다. 여론을 환기하고 아프리카 상황에 관한 기사를 실을 때였다. 이 사진의 성공은 눈부셨다. 아프리카에서 전송된 사진 가운데 가장 강력한 편이었고, 그 불행과 망각, 부정, 그리고 대부분 서구에서 까맣게 무심했던 잔혹한 상황을 말해 주었다. 사진은 기대에 부응하는 엄청난 결과를 보여 주었다. 그다음 날부터 수많은 독자 편지가 신문사로 답지했고 그 작은 소녀의 운명을 걱정했다. 신문사는 사설을 통해 사진가도 소녀가 어찌 되었는지 모른다고 해명했다. 이런 답변이 밤새 소녀에 대한 사진가의 태도를 문제 삼은 항의로 이어졌다. 이는 카터에게 쏟아진 기나긴 비판의 시작이었고, 그 자신조차 두려워하게 되었다.

이 사진이 전 세계 신문으로 퍼지면서 청년 사진가도 갑자기 유명해졌다. 1994년 4월에 그가 퓰리처상을 받으면서 그 유명세는 절정에 달했다. 이런 칭송은 한동안 그의 죄책감을 감내하는 데 도움을 주었다. 그렇지만 비판이 그렇게 수그러들지는 않았다. 심지어 사진에 나타나지 않은 보이지 않는 또 다른 독수리, 즉 사진가를 모리배로 몰아세운 사람들까지 나왔다. 플로리다에서 발행되는 「세인트 피터스버그 타임스」에서 이런 글을 볼 수 있다. 〈고통을 멋지게 화면에 담으려고 렌즈를 조절하는 사람도 그 자리에 있던 독수리 못지않게 모리배일 뿐이다.〉 그의 윤리가 문제시되었다. 그는 왜 좋은 사진만 찍고 소녀를 돕지 않았을까? 카터처럼 이미 두 친구 사진가들의 죽음을 겪은—그중 한 명은 남아프리카 민병대에 살해당했다—예민한 사람에게 이런 압박감은 너무 심했다. 그는 퓰리처상을 받은 지 두 달 만에 자살했다. 그는 이런 말을 남겼다. 〈나는 학살과 송장, 증오와 고통에 대한 줄기찬 기억에 시달렸다…… 굶주리고 다친 아이들과 광분한 총잡이들에 대해서도.〉

비극적인 현장에서 사진작가나 사진기자가 어떤 태도를 취해야 하는지에 대해서는 수많은 논쟁이 있었습니다. 방글라데시 독립운동 과정에

서 분리독립파 전사들이 민병대원 네 명을 거리에서 잔혹하게 고문하는 장면을 찍었던 호르스트 파스의 사진, 콜롬비아 화산 폭발 참사 때 잔해에 갇혀 죽어가는 소녀를 촬영했던 프랑크 푸르니에의 사진 역시 그런 논란에서 자유롭지 않았죠.

  사진이 갖는 힘은 곧 사진이라는 매체의 딜레마를 드러냅니다. 만일 케빈 카터가 독수리를 쫓아낸 뒤 소녀만 찍었다면 그 사진이 과연 국제적인 반향을 불러일으킬 수 있었을까요. 사진을 찍지 않고 독수리를 한 번 쫓아내는 게 과연 소녀에게 결정적인 도움이 되긴 하는 걸까요. 눈앞에서 참극을 목격했을 때, 그리고 그 지역에 간 이유가 바로 그 참상을 보도하기 위해서였을 때, 사진 찍는 일이 직업이자 사명인 사진작가는 어떤 행동을 해야 하는 걸까요. 이런 직업적 딜레마는 사진작가에게만 해당되는 것은 아닐 겁니다.

  무엇이 옳고 무엇이 그른지는 시각에 따라 달라질 수밖에 없겠지요. 하지만 부조리한 세상 속에서 불완전한 인간이 맞닥뜨릴 수밖에 없는 윤리적 딜레마에 대해, 진퇴양난의 상황에 스스로를 대입해볼 필요를 느끼지 않는 어떤 사람들은 확신에 가득 찬 목소리와 준엄한 눈빛으로 거듭 손가락질을 합니다. 그렇다면 안전하게 관전하며 비판의 과도한 권리와 자유를 누리는 구경꾼의 윤리는 또 어떨까요. 과연 누가 진짜 독수리일까요.

● **한 말씀만 하소서**, 박완서 지음

일이 주는 위로

얼마 전 작가 박완서씨의 부음을 처음 전해 들었을 때, 생전에 삶과 죽음에 대해 쓰신 글들이 연이어 떠올랐습니다. 그 중에서 가장 먼저 생각난 것은 바로 〈한 말씀만 하소서〉란 일기였지요. 1988년에 너무나 사랑하는 아들을 사고로 잃고 슬픔과 절망에서 헤어 나오지 못했던 어미로서의 시간에 대해 '극한 상황에서 통곡 대신 쓴 것'이라고 밝힌 글입니다. 이제 100여 페이지에 가까운 그 일기 글의 마지막 부분을 읽어보겠습니다.

>> 디즈니랜드를 구경간 날이었다. 주말이어서 각양각색의 인종이 모여들어 대혼잡을 이루고 있었지만 워낙 면적이 넓고 구경거리가 다양

해서 인기 있는 몇몇 관을 빼고는 오래 기다리지 않고 지딱지딱 돌아볼 수가 있었다. 딸 내외도 손녀도 그렇게 즐거워할 수가 없었다. 그러나 나는 오후가 되자 다리의 피로보다 사람에 치인 신경의 피로가 견딜 수 없어졌다. 노천식당에 가까스로 자리를 하나 차지하고 나서 딸과 사위는 먹을 것과 음료를 파는 데 줄 서서 가고 나는 손녀를 데리고 앉았는데 또 그 절박한 외로움이 목구멍까지 차올랐다. 그리고 내가 참을 수 없어 하는 게 무엇이라는 걸 어렴풋이 깨달았다.

그건 말 못 알아들음이었다. 내 나라에서건 남의 나라에서건 사람 모이는 데 가면 들리는 건 사람들의 말소리라는 것은 두말할 것도 없다. 구태여 남의 말을 엿들으려고 노력을 안해도 내 나라에서 들리는 건 당연히 내 나라 말이고, 어려서부터 들어온 내 나라 말의 리듬엔 공기처럼 의식할 필요 없이 나를 편안하게 해주는 정다움이 있었다.

그러나 거긴 남의 나라였다. 신경을 곤두세워도 한두 마디 알아들을까말까 한 것도 괴로웠지만 무엇보다도 견딜 수 없는 것은 그 이질적인 리듬이었다. 그 이질감은 여기는 네가 놀 물이 아니라는 소외감을 끊임없이 일깨워주고 있었다. 그때 나는 생각했다. 만약 어떤 피치 못할 운명이 나를 이 땅에 죽을 때까지 묶어두는 일이 생긴다면, 생전 호강을 보장해준다고 해도 아들을 잃은 고통 다음가는 고통이 되리라고.

그런 건 깨달은 게 잘못이었다. 귀국하고 싶은 마음을 걷잡을 수가 없었다. 아무것도 더는 구경하기 싫었다. 다만 바닷가에 나가는 것만은 싫증이 안 났지만 그 또한 그 바다가 태평양이기 때문이 아니었을까. 내 나라까지 닿아 있을 태평양의 화려장엄한 낙조를 바라보면서, 내 나라에선 지금쯤 저 태양이 중천에 떠 있겠지 싶을 때의 감상은 찝찔하고도 절절했다. 겨울을 나기는커녕 그 해도 넘기기 전에 귀국을 서둘렀다. 무엇을 잘못했기에 엄마가 저러나 딸이 영문을 몰라 섭섭해하는 것에도 별로 신경을 쓰지 않았다.「내 마음대로 하게 내버려둬다오, 엄만 다만 자유롭고 싶단다.」이렇게 큰소리쳤다.

그리고 드디어 사방에서 들리느니 내 나라 말만 들리는 고장으로 돌아왔다. 내 나라 말은 바로 내가 놀던 익숙한 물이었다. 공항의 아우성, 엄마, 할머니 하는 아이들의 외침, 그런 소리들이 어우러진 우리 말만의 독특한 가락에 나는 깊은 안도감을 느꼈다. 땅에 입맞추는 대신 나는 그 가락을 깊이깊이 심호흡했다.

그리고 몇 달 후 나는 조금씩 다시 글쓰기를 시작할 수가 있었다. 새로운 소설도 썼고, 중단했던 장편 연재도 다시 시작해 마무리를 지었다. 이국에서 경험한 우리 말에 대한 그리움은 곧 글을 쓰고 싶은 욕구의 다른 표현이었을 뿐임도 이제는 알게 되었다. 다시 글을 쓰게 됐다는 것은 내가 내 아들이 없는 세상이지만 다시 사랑하게 되었다는 증거와 다르지 않다는 것도 안다. 내 아들이 없는 세상도 사랑할 수가 있다니, 부끄럽지만 구태여 숨기지는 않겠다. 《

참척慘慽이라고 하지요, 부모가 자식을 잃는 일. 아마 삶에서 가장 고통스러운 일일 텐데요. 결국 박완서 선생을 그 끔찍한 절망에서 다시 일으켜 세운 것은 조국의 말, 그리고 그 조국의 말을 글로 적어나가는 행위로서의 문학, 다시 말해 작가로서 자신이 평생 해오던 일이었습니다.

일은 우리를 지치게 만들지만, 슬픔에 빠진 인간이 종종 일로부터 다시 살아갈 힘을 얻어내기도 합니다. 피로와 희망을 동시에 주는 일을 평생 해야 한다는 아이러니는 기이하면서도 아름다운 삶의 역설을 고스란히 일깨워줍니다.

● **갈팡질팡하다가 내 이럴 줄 알았지**, 이기호 지음

모든 게 필연이라면

《최순덕 성령충만기》《사과는 잘해요》 등을 펴낸 소설가 이기호씨는 소설 언어의 형식적 영토를 확장하는 데 상당한 성과를 낸 작가라고 생각합니다. 그의 두 번째 소설집인 《갈팡질팡하다가 내 이럴 줄 알았지》에서 그러한 면모가 특히 두드러집니다. 수록작들 중 〈나쁜 소설―누군가 누구에게 소리내어 읽어주는 이야기〉는 '오디오용 소설' 형식을 띠고 있고 〈누구나 손쉽게 만들어 먹을 수 있는 가정식 야채볶음흙〉은 요리법 소개문으로 삶의 아이러니를 풍자하고 있지요. 표제작인 〈갈팡질팡하다가 내 이럴 줄 알았지〉는 소설가인 화자가 어지간히 운이 없게도 반복적인 린치와 폭행을 당했던 자신의 십대 시절에 대해 회상하는 내용인데요, 본격적인 이야기를 시작하기 전의 도입부를 보겠습니다.

>> 나는 늘 우연이란, 지배해야 마땅한 어떤 영토 같은 것으로 배워왔다. 그것이 근대소설이 갖춰야 할 가장 필수적인 기본기라는 가르침도 받았다. 이전 소설들이 우연으로 사건이 해결되는 반면, 근대소설은 우연으로 시작해 필연으로 끝나는 장르라고, 그게 바로 논리라고. 그래서 우리는 소설을 쓰기 전 철저하게 설계도 먼저 그려야 한다는 말도 들었다. 공학적으로, 나사못 하나 허투루 박지 말고, 꼼꼼하게. 제목도 마찬가지로.

그러나 나는 그 논리가 버거워, 종종 우연으로 소설을 끝내버리곤 했다. 며칠 밤을 지새우며 내적 필연성으로 주인공을 몰고 가기 위해 용을 쓰다가 그만, 제풀에 지쳐 에라이, 뿅! 이쯤에서 주인공 자살(혹은 즉사)! 뭐 이런 식이 되었던 것이다. 그래서 나는 학부 시절 은사님들께 '자넨 기본기가 덜 된 친구구먼'이란 소릴 자주 들었고, 아울러 낙제에 가까운 학점까지 덤으로 받곤 했다. 다시 말해 논리박약, 의지부족.

그때마다 나는 좀 억울했다. 하지만요, 선생님. 세상 사는 게 언제나 필연적이진 않잖아요? 논리적으로 설명할 수 없는, 그런 게 더 많잖아요? 꼭 그런 소설들만 써야 한다는 법은 없잖아요? 그러니까, 여태껏 그렇게 살아오지 못한 저 같은 친구는…… 그게 참 이해하기 어렵고, 해독하기 힘든, 난수표 같단 말입니다…… 한 번도 대놓고 말을 하진 못했지만, 나는 늘 그렇게 생각했다. 말 그대로 그렇게 살아오지 못했으니까. 내 혈액형이 내 마음대로 정해지지 못했던 것처럼.

그러니까 이 소설은 학부 시절 은사님들께 드리는 나의 때늦은 변명이기도 하다. 누가 그렇게 말하지 않았는가. 소설은 그 사람이 살아온 이

력만큼 나온다고. 나는 에라이, 뽕! 만큼 살았으니, 에라이, 뽕! 같은 소설을 쓸 수밖에 없었던 것이다. 누가 뭐라 하더라도 그것이 나에겐 리얼리즘이었으니까. 그것이 내 태생이었으니까. 《

소설이든 영화든 연극이든, 서사를 다룬 예술 분야에서는 우연성을 남발하는 게 금물입니다. 치밀하게 이야기를 짜나갈 줄 모르는 작가가 흔히 우연에 의존해서 설득력 없게 스토리의 문제를 해결하고는 하지요. 그런데 〈갈팡질팡하다가 내 이럴 줄 알았지〉의 도입부에 등장하는 이야기처럼, 소설이나 영화가 아닌 실제 삶에서는 우연이 결정적으로 작용해 삶 자체를 바꾸는 경우가 자주 있지요. 오히려 서사 예술에서처럼 원인과 결과가 정교하게 맞물리는 상황이 더 적다고 할까요.

그러고 보면 우리가 소설이나 영화에서 우연성을 최대한 배격하는 작품을 더 높게 평가하는 것은 우연투성이인 현실에 대한 반작용일지도 모르겠습니다. 하지만 삶에서 우연이 없다면 또 얼마나 삭막하겠어요. 투입한 노력만큼 일정한 결과가 나온다면, 사람들은 모두 기계에 가까워지지 않을까요. 갈팡질팡하다가 결과를 보고 나서 자조하게 되기 십상인 게 우리의 삶이지만, 그렇게 갈팡질팡할 자유마저 없다면 그것이야말로 정말 숨 막히는 일이 될지도 모릅니다.

정재승의 과학 콘서트, 정재승 지음

웃음의 마법

《정재승의 과학 콘서트》는 물리학자이면서 대중들을 위한 과학서 저술로도 활발하게 활동하고 있는 정재승씨의 책입니다. 세상은 우리가 충분히 이해할 수 있을 만큼 복잡하다고 말하는 저자는 이 책에서 복합적인 사회 현상의 이면에 숨겨져 있는 갖가지 과학 이야기들을 들려주고 있지요. '여섯 다리만 건너면 세상 사람들은 모두 아는 사이'라는 '케빈 베이컨 게임' 같은 흥미로운 모티브부터 최신의 과학 이론까지 쉽게 접할 수 있도록 소개하고 있는 이 책 중에서도 웃음의 효능에 대해 다룬 부분을 읽어보겠습니다. '토크쇼의 방청객들은 왜 모두 여자일까?'라고 질문하는 '웃음의 사회학' 부분에 나오는 내용입니다.

>>　　웃음에 대한 생리학적인 연구들이 밝혀낸 핵심 연구 결과는 한마디로 '웃음이 명약이다Laughter is the best medicine'라는 서양 속담으로 요약될 수 있다. 영화 〈패치 아담스〉에서 로빈 윌리엄스가 주장하듯이, 웃음은 15개의 안면 근육을 동시에 수축하게 하고 몸 속에 있는 650여개의 근육 가운데 230여 개를 움직이게 만드는 '자연적인 운동'이며 몸의 저항력을 키워주는 명약이다. 1996년 미국 캘리포니아 주 로마린다 의대 리 버크Lee Burke와 스탠리 탄Stanley Tan 교수팀은 성인 60명을 대상으로 편안한 상태에서의 혈액과 한 시간 동안 코미디 프로그램을 시청하게 한 후의 혈액을 비교해보았다. 그랬더니, 코미디 프로그램 시청 후 세균에 저항할 수 있는 백혈구의 양이 증가하고, 면역 기능을 둔화시키고 스트레스 상황에서 분비되는 호르몬인 코티졸cortisol의 양은 줄어든 것으로 나타났다. 체내 독성 물질과 싸우는 자연 살해 세포Natural Killer Cell의 활동 영역도 넓어졌다. 자주 웃는 사람이 질병에 대한 면역력이나 스트레스를 이겨내는 힘이 훨씬 강하다는 얘기다.　《

웃을 수 있다는 것만으로도 기분 좋은 일인데, 그 웃음이 몸의 저항력을 키워주고 면역 기능을 향상시키며 체내 독성 물질을 없애는 데도 큰 힘이 된다니, 정말 반갑기 그지없는 사실이죠? 이 책에는 입 꼬리를 위로 올리고 억지로라도 웃는 시늉을 하면 기분이 좋아진다는 사실을 입증한 폴 에크먼의 실험에 대해서 언급되어 있기도 합니다. 일소일소 일노일노一笑一少 一怒一老, 한 번 웃으면 그만큼 젊어지고 한 번 화내면 그만큼 늙는다는 옛말이 틀리지 않다는 실험 결과들인 셈입니다. 말하자면, 행복해진 인간이 웃는 게 아니라, 웃는 인간이 행복해진다는 것이지요.

그리고 남들이 보기에는 웃을 일이라고는 도통 없을 것 같은 상황에서도 기꺼이 웃는 사람들이 있습니다. 프랑스 패션 잡지의 편집장으로 전성기를 구가하다가 어느 날 갑자기 원인 모를 뇌출혈로 한쪽 눈꺼풀만 제외하곤 전신마비가 된 장 도미니크 보비의 책 《잠수복과 나비》를 예전에 읽으면서 무척이나 감동했던 에피소드가 하나 있었습니다.

전신마비인 상태로 병원 침대에 누워 있을 때 문병 온 어린 아들이 사태를 파악하지 못하고 "아빠, 행맨 놀이 하고 싶어?"라고 그에게 묻지요. 그 침대에서 눈꺼풀 하나로 깜빡이면서 자신의 회고록을 썼던 장 도미니크 보비는 그 순간 "얘야, 이 아빠는 지금 사지마비 놀이 하기도 바쁘단다"라고 답해주고 싶었다고 하지요. 제게는 권태와 절망 속에서도 농담을 하고 수다를 떨며 웃을 수 있는 인간이 무척이나 숭고하게 느껴집니다. 늪 같고 진창 같은 생의 어떤 나날들 속에서도, 웃음은 누군가의 어깨에 기어이 날개 하나를 달아주고 마는 마법이 되는 것이니까요.

● **세운상가 키드의 사랑**, 유하 지음

그리움의 성분

유하 시인의 시집 《세운상가 키드의 사랑》을 읽어봅니다. 유하 시인은 이제 〈말죽거리 잔혹사〉나 〈결혼은, 미친 짓이다〉 〈비열한 거리〉와 같은 작품들을 연출한 영화감독으로 더 유명하지만, 그 이전에 1990년대 대표적인 시인 중 한 사람이었지요. 이 시집의 시들은 영화나 대중가요를 변주하기도 하고 어떤 시대의 추억과 장소를 현재형으로 다루고 있기도 합니다. '재즈' 연작 중 〈재즈 3〉이라는 시를 읽어보겠습니다. 무엇보다 그리움에 대한 시입니다.

>>   재즈 3

옛사랑이란 노래가 있지
이제 그리운 것은 그리운 대로 내 맘에 둘 거야……
때론 그렇게, 시보다 시적인 노래가 있지

절, 실, 하, 게, 느끼는 순간들
세상은 왜 그만큼만 비유가 허용되는 걸까
살다보면 종종 느끼곤 해
내 맘보다 더 내 맘 같은 하늘
내 눈보다 더 내 눈 같은 별
내 노래보다 더 내 노래 같은 바람

돌아보면, 옛사랑
나는 개미처럼 절실했어
그래, 절망에 꿀을 입혀 꿀떡 삼킨 사랑

내가 사랑한 건 결국,
네가 아니라 그리움이었어
난 막연한 니힐리스트가 아니야
그림자보다 더 그림자다운 나를 분명히 보았거든

그리고 턴테이블의 거듭 튀는 음반처럼
나 지금 생의 한가운데를 걷고 있어요　　《

유하 시인의 시를 읽고 나니, 무언가가 몽글몽글 가슴속에서 솟아오릅니다. 그리움이란 결국 무엇일까요. 제가 생각할 때 그리움을 구성하는 성분은 말하자면 이런 것들일 것 같네요. 버스의 창을 매섭게 때리다가 번번이 힘없이 미끄러지고 마는 빗방울. 바닷물을 증발시켜 그릇 가장자리에 남는 허연 소금기. 진공을 희구하면서도 끝끝내 텅 빈 무無로 돌아가지 못하는 옅은 대기. 약간의 자기 파멸. 시간을 한없이 더디 가게 하는 마약. 빠져나올 수 있음에도 스스로 달게 받는 괴로움. 그리고 무엇보다 사무치게 보고 싶은 마음 뒤에 확인하는 부재의 쓸쓸함.

《세운상가 키드의 사랑》에 실린 유하 시인의 또다른 시 〈그리움을 견디는 힘으로〉의 마지막 부분은 이렇습니다.

그리움을 견디는 힘으로
먼 곳의 새가 나를 통과한다
바람이 내 운명의 전부를 통과해낸다

그러니까, 그리움이라는 명사에 가장 잘 맞는 동사는 '견디다'입니다. 그리고 이문세씨의 노래 〈옛사랑〉의 한 구절처럼 그리운 것들은 그리운 대로 내버려두면서 견뎌야 하는 것이지요.

● **클라시커 50 커플**, 바르바라 지히터만 지음

전쟁 같은 사랑

얼마 전 세상을 떠난 엘리자베스 테일러는 20세기의 아이콘과도 같은 배우였습니다. 아카데미 여우주연상을 두 번이나 탈 정도로 연기력을 인정받은 배우였지요. 하지만 최고의 스타였던 그녀는 연기보다, 무려 여덟 번이나 결혼과 이혼을 거듭했던 사생활로 더 많이 세상 사람들의 입에 오르내린 게 사실일 겁니다. 그 여덟 번 중 두 번은 같은 남자와의 결혼이었지요. 바로 영국 배우 리처드 버튼.

바르바라 지히터만의 《클라시커 50 커플》은 아담과 이브, 트리스탄과 이졸데 등 신화 속 인물부터 레트 버틀러와 스칼렛 오하라 같은 영화 속 인물 그리고 마릴린 먼로와 아서 밀러, 존 레넌과 오노 요코 등 세기의 커플 50쌍을 소개하고 있습니다. 여기에 엘리자베스 테일러와

리처드 버튼의 이야기도 실려 있습니다.

>>   두 사람에게 다 위대한 사랑이었고, 그 사랑은 두 사람이 다시 이혼하고 새로 결혼했음에도 불구하고 1984년 버튼이 사망할 때까지 남아 있었다. 테일러에게 버튼은, 버튼에게 테일러는 일생일대의 사랑이었고, 서로에게 모든 것을 의미하고 모든 것을 감동시키고 상대방에 대해서 모든 것을 알고 있는 사람이었다. 그러면서도 서로를 특별히 잘 이해하지 못했다. 그는 조롱하는 버릇을 자제할 수 없었고, 그녀는 상스러운 욕지거리를 참지 못했다. 그들은 2년 동안의 '동거' 후에 비로소 결혼을 했는데, 그녀는 그를 위해서 피셔와 당장 이혼했고 그는 시빌을 포기하기까지 오랫동안 주저했다. 그들의 결혼은 애정과 존중보다는 소동, 증오, 과도한 음주로 더 유명했다. 하지만 싸움은─육체적인 싸움도 포함된다. 그는 때리기까지 했다─두 사람의 연애 전략에 속하는 그들 나름대로의 스타일이었고, 자신들이 그 때문에 고통을 당하는 것이 처음에는 별로 중요하지 않았다. 절제를 모르는 삭막한 욕설 잔치, 역겨운 모욕, 추한 경쟁, 고통스럽게 벌어지는 술판에도 불구하고 이 세상 그 무엇보다도 서로 사랑했다. 두 사람은 그 사실을 알고 있었고, 끊임없이 그들에게 달려드는 여론도 그 점에 대해서는 잘 알고 있었다.

(중략)

결혼 생활은 거의 가차 없이 끝장났다. 바로미터는 증오의 방향으로 위험하게 기울었고, 그들은 1974년 이혼했다. 두 사람 다 이미 새로운 연애 행각을 벌였다. 그래도 그렇게 빨리 헤어지지는 않았다. 그들은 곧

또다시 결혼한다. "와, 폭풍과 노도가 결혼을 했으니 이제 세상이 다시 정상이다"라고 여론은 외쳤다. 하지만 그도 오래가지 않았다. 열 달 후에 두 번째로 이혼했고, "우리는 서로 사랑해요. 하지만 함께 살 수는 없군요"라고 엘리자베스는 말했다.

'전쟁 같은 사랑'이란 말을 생각하면 가장 먼저 떠오르는 게 바로 엘리자베스 테일러와 리처드 버튼의 사랑입니다. 만나자마자 격렬하게 타오른 그 사랑은 두 개의 가정을 망가뜨린 뒤에야 성사되었지만, 두 사람은 결혼 후 함께 사는 동안 서로를 끊임없이 할퀴었고 지독히도 싸웠으며 무지막지하게 상대를 망가뜨렸지요. 함께 있을 때면 끝없이 다투었고 떨어져 있을 때면 내내 그리워했던 두 사람의 사랑은 그야말로 불같고 전쟁 같은 사랑이었습니다. 그 사랑은 결국 서로의 가슴에서 잿더미가 됐지만, 그 흔적은 그대로 영화에 남아 있지요. 두 배우는 무려 열 편 가까운 영화들에서 함께 연기한 동료이기도 했으니까요. 클레오파트라와 안토니우스를 각각 연기했던 〈클레오파트라〉를 보면 처음 만나자마자 서로에게 반한 남녀의 눈에 튀는 불꽃이 보입니다. 그리고 격렬하게 싸우는 부부로 출연했던 〈누가 버지니아 울프를 두려워하랴〉를 보면 그들 사랑의 파괴력이 생생하게 느껴집니다.

　이제 버튼과 테일러는 모두 세상을 떠났습니다. 하지만 두 사람의 평생에 걸친 애증은 함께 출연했던 작품들에 고스란히 새겨져 오래오래 남게 되겠지요. 그런데 그건 그 사랑이 갖게 되는 눈부신 축복일까요, 아니면 끔찍한 천형일까요.

● **밤의 문화사**, 로저 에커치 지음

오늘 밤, 당신은

어떤 밤을 보내고 계신가요. 말레이시아 원시림 속 맹그로브 숲에 황혼이 찾아오면 제각각 반짝이기 시작하는 반딧불이들은 밤이 깊어감에 따라 어느 순간 모두가 함께 같은 박자로 깜빡인다지요. 밤이 되면 반딧불이들까지 마음을 열고 서로에게 귀를 기울이는 걸까요. 미국의 역사학자 로저 에커치가 지은 《밤의 문화사》는 근대 이후 유럽에서 밤에 대한 사람들의 인식이 어떤 변화를 겪어왔는지에 대해서 풍부한 사료를 바탕으로 써내려간 저작입니다. 에커치는 "인간 역사의 절반", 즉 밤은 "전반적으로 무시되어왔다"고 말하고 있는데요, 불면으로 잠 못 드는 긴긴 밤에 읽기 좋은 이 책 중에서 마지막 부분을 읽어봅니다.

》　　존 드라이든의 희극 《암피트리온Amphitryon》(1690)에서 고대의 신 메르쿠리우스는 밤에게 이렇게 묻는다. "사랑과 갚음을 빼면 네가 무슨 소용인가?" 오늘날 기술 발전의 궤도를 생각해보면, 우리도 똑같은 의문을 가질 수 있을 것이다. 우리는 밤을 더 활용하기 좋은 시간으로 만들기보다는 그것을 서서히 제거하는 위험을 무릅쓰고 있다. 경외와 경이의 오랜 대상이었던 하늘도 실외 조명의 불빛 때문에 흐려졌다. 외진 지역에서만 은하수의 장관을 볼 수 있다. 별자리는 보이지 않고 텅 빈 하늘만 남았다. 오히려 분할된 잠과 그와 함께 우리의 내적 자아에 대한 이해도 잃어버림으로써 환상적인 꿈 세계는 더 멀어졌다. 실제적인 목적에서 밤이 낮이 되어버릴 시대를 상상하는 것도 어렵지 않다. 즉 아침부터 자정에 이르기까지 전통적인 시간 단계가 원래의 모습을 잃고 24시간 7일 사회가 오리라는 것이다. 러시아 정부는 실험적인 '우주의 거울'을 설치하여 태양 빛을 반사시켜 선별한 지역의 밤을 황혼으로 만드는 시도까지 했었다.

　밤하늘에 남아 있는 아름다움, 어둠과 빛이 바뀌는 주기, 낮의 빛과 소리로부터의 규칙적인 안식처. 이 모든 것이, 더 밝아진 조명에 손상될 것이다. 야간의 섭생에 나름의 질서를 갖고 있는 생태계도 엄청난 고통을 받을 것이다. 어둠이 줄어들면서 사생활과 친밀감과 자아 성찰의 기회도 훨씬 드물어질 것이다. 기어이 그 밝은 날이 오는 순간, 우리는 시간을 뛰어넘는 소중한 우리 인간성의 절대 요소를 잃게 될 것이다. 이는 어두운 밤의 심연에서 지친 영혼이 숙고해봐야 할 절박한 전망이다.　《

말하자면 인류의 역사는 곧 밤을 축소시키고 몰아내는 낮의 승리의 역사이기도 할 겁니다. 예전에는 달의 변화가 참으로 신비로운 자연의 마술과도 같았지만, 가로등과 형광등이 곳곳에 버티고 선 도시의 밤거리에서는 한 달을 주기로 기울고 차는 달의 리듬 같은 것은 눈에 들어오지도 않는 하찮은 변화에 불과하게 되었지요. 문명의 관점에서 보았을 때 밤이란 그저 빛이 부족해 일을 할 수 없으니 침대에서 잠이나 잘 수밖에 없는 쓸모없는 시간들일 거예요. 하지만 밤이 그저 빛을 결여한, 메마른 잉여와 불모의 시간에 불과할까요. 그렇지 않습니다. 사회적 자아가 서서히 퇴장하면서 개인적 자아가 등장하기 시작하는 때는 해가 저물고 거리에 어둠이 깔리기 시작하는 순간이니까요.

무엇보다 밤은 말합니다. 한낮의 번잡스러움에서 벗어나 우리가 우리 내면에서 울려오는 소리에 귀를 기울이게 되는 것은 밤입니다. 낮에는 수다스럽던 당신도 밤에는 기꺼이 듣습니다. 그때 들려오는 소리에는 밤의 거울에 문득 비친 스스로의 모습을 목격하고 나서야 비로소 입을 여는 당신 내면의 또다른 목소리도 있겠지요.

● **그리스인 조르바**, 니코스 카잔차키스 지음

조르바의 춤

그리스 문학을 대표하는 작가 니코스 카잔차키스의 소설 《그리스인 조르바》, 좋아하시는 분들 많지요? 지난 세기에 나온 수많은 소설 속 주인공들 중에서도 가장 멋진 인물을 한 명만 고르라면 아마도 저는 조르바를 떠올릴 것 같습니다. 자유의 상징과도 같은 이 인물의 매력은 정말 대단하지요. 특히 지금까지 생생한 것은 소설이 거의 끝나가는 부분에 등장하는, 해변에서 주인공과 조르바가 함께 춤을 추는 장면에 대한 묘사입니다.

>> 우리는 함께 춤을 추었다. 조르바는 내게 춤을 가르쳐 주고 엄숙하고 끈기 있게, 그리고 부드럽게 틀린 부분을 고쳐 주었다. 나는 차츰

대담해졌다. 내 가슴은 새처럼 날아오르는 기분이었다.

「브라보! 아주 잘하시는데!」 조르바는 박자를 맞추느라고 손뼉을 치며 외쳤다. 「……브라보, 젊은이! 종이와 잉크는 지옥으로나 보내 버려! 상품, 이익 좋아하시네. 광산, 인부, 수도원 좋아하시네. 이것 봐요, 당신이 춤을 배우고 내 말을 배우면 우리가 서로 나누지 못할 이야기가 어디 있겠소!」

그는 맨발로 자갈밭을 짓이기며 손뼉을 쳤다.

「……두목! 당신에게 할 말이 아주 많소. 사람을 당신만큼 사랑해 본 적이 없어요. 하고 싶은 말이 쌓이고 쌓였지만 내 혀로는 안 돼요. 춤으로 보여 드리지. 자, 갑시다!」

그는 공중으로 뛰어올랐다. 팔다리에 날개가 달린 것 같았다. 바다와 하늘을 등지고 날아오르자 그는 흡사 반란을 일으킨 대천사 같았다. 그는 하늘에다 대고 이렇게 외치는 것 같았다. 「전능하신 하느님, 당신이 날 어쩔 수 있다는 것이오? 죽이기밖에 더 하겠소? 그래요, 죽여요. 상관 않을 테니까. 나는 분풀이도 실컷 했고 하고 싶은 말도 실컷 했고 춤출 시간도 있었으니……. 더 이상 당신은 필요 없어요!」

조르바의 춤을 바라보며 나는 처음으로 무게를 극복하려는 인간의 처절한 노력을 이해했다. 나는 조르바의 인내와 그 날램, 긍지에 찬 모습에 감탄했다. 그의 기민하고 맹렬한 스텝은 모래 위에다 인간의 신들린 역사를 기록하고 있었다.

그는 춤을 멈추었다. 그러고는 흩어진 케이블 선과 무너진 철탑 더미를 바라보았다. 해가 저물면서 그림자가 늘어났다. 조르바는 나를 돌아보며 특유의 몸짓을 해보이며 손바닥으로 입술을 가렸다.

「두목, 아까 불꽃의 소낙비 보았소?」

우리는 웃음을 터뜨렸다.

조르바는 내게 다가와 끌어안고 키스했다.

「⋯⋯두목, 당신도 그 이야기 들으니 우습소? 당신도 우습소? 좋고말고!」

우리는 웃으면서 한동안 장난으로 씨름을 했다. 그러다 바닥에 널브러져 자갈밭 위에 네 활개를 뻗었고 이윽고 서로의 팔을 베고 곯아떨어졌다.

나는 새벽에 일어나 빠른 걸음으로 해변을 따라 마을로 향했다. 내 심장은 가슴속에서 뛰고 있었다. 내 생애 그 같은 기쁨은 누려 본 적이 없었다. 예사 기쁨이 아닌, 숭고하면서도 이상야릇한, 설명할 수 없는 즐거움 같은 것이었다. 설명할 수 없는 정도가 아니라 설명할 수 있는 모든 것과 극을 이루는 그런 것이었다. 나는 모든 것을 잃었다. 돈, 삶, 고가선, 수레를 모두 잃었다. 우리는 조그만 항구를 만들었지만 수출한 물건이 없었다. 깡그리 날아가 버린 것이었다.

그렇다. 내가 뜻밖의 해방감을 맛본 것은 정확하게 모든 것이 끝난 순간이었다. 엄청나게 복잡한 필연의 미궁에 들어 있다가 자유가 구석에서 놀고 있는 걸 발견한 것이었다. 나는 자유의 여신과 함께 놀았다. 《

마이클 카코야니스 감독의 영화 〈그리스인 조르바〉를 보신 분들이라면, 이 대목을 읽으면서 주연 배우 앤소니 퀸이 춤추는 모습을 저절로 떠올리셨겠지요? 그 장면은 카잔차키스의 소설에서나 카코야니스의 영화 모두에서 클라이맥스가 아닐 수 없습니다.

그런데 제게 이 절정의 장면이 유독 흥미로운 것은 주인공과 조르바가 함께 춤을 춘 순간이 바로 두 사람이 인생에서 가장 큰 실패를 겪은 직후라는 사실이었습니다. 크레타 섬의 광산 개발에 모든 재산과 노력을 쏟아부었지만 결국 실패로 돌아가게 된 후에, 말하자면 인생의 최저점에서 모든 것을 잃고 난 후에, 주인공은 비로소 당위와 목표에 대한 강박을 벗어버리고 마음껏 춤을 출 수가 있었던 것이지요.

삶은 목표를 달성해서 앞으로 쭉쭉 나아가는 순간에만 그 의미가 있는 게 아닐 겁니다. 실패와 좌절의 순간에야 비로소 발견되는 생의 의미도 있지요. 그리고 원했던 것을 끝내 얻지 못하거나 소중히 아끼던 것을 잃어버리고 나서야 비로소 찾아오는 자유와 안식도 있구요.

그러니까, 설혹 당신이 실패한다고 해도, 그게 끝은 아니에요. 우리에게는 아직 춤과 노래가 있고 함께 춤과 노래를 즐길 사람이 있으니까요. 서로의 춤을 배우고 서로의 말을 배운다면, 우리가 서로 나누지 못할 이야기가 어디 있겠습니까.

타르코프스키의 순교일기, 안드레이 타르코프스키 지음

불안한 나날

러시아 감독 안드레이 타르코프스키가 생전에 쓴 일기를 모은 책《타르코프스키의 순교일기》를 읽어봅니다. 일기에는 그날 그 사람에게 있었던 일들과 그 사람이 했던 생각뿐만 아니라, 그 사람의 성격까지 고스란히 드러나기 마련이지요. 이 책을 통해 약 15년 간의 타르코프스키의 생활을 그려볼 수 있는데요, 작품의 뒷이야기와 창작의 단초를 엿볼 수 있기도 하고 고향을 떠나 타지에서 작품 활동을 해야 했던 외로운 예술가의 향수를 느낄 수 있기도 합니다. 그 중에서 1973년에 쓴 두 편의 일기를 볼까요.

>> 4월 14일 토요일

  영화는 보잘것없는 것이 되어버렸다. 주된 원인은 영화가 이른바 영화를 만드는 사람들의 정신적 세계와 동떨어졌기 때문이다. 이들 영화인들에게 영화란 돈을 버는 수단이 되고 이름을 얻는 방법을 의미할 뿐이다. 나의 작품들과 내 작품들이 이루고자 하는 바는 나의 인생관과 반드시 일치해야만 한다. 사람들은 물론 나의 이런 자세를 기분 나쁘게 생각하고 나를 십자가에 못박기를 원하고 있다.

10월 20일 토요일 모스크바

  불길한 생각들을 떨쳐버릴 수가 없다; 나를 필요로 하는 사람은 아무도 없다. 나는 우리 문화에 낯설기 그지없다. 나는 우리 문화에 아무런 기여도 한 바 없다. 나는 가련한 무용지물이다. 그러나 유럽 또는 기타 나라에서 누가 소련 최고의 영화감독인가라는 질문이 제기되면 모두들 타르코프스키라고 한다는데, 우리나라에서는 모두들 입을 다물고만 있다. 나라는 존재는 도대체 없는 것이다. 한 점 얼룩에 불과할 뿐이다. 요즘이 바로 소위 마음이 약해지는 순간들이다. 아무도 나를 필요로 하지 않는다는 생각을 극복하기가 매우 어렵다. 아무 근거도 없는 이런 생각에 의미를 두고 싶지 않으며 무언가 삶에 의미 있는 일을 창조하고 싶다. 집도 좁고 내 마음속의 영혼도 비좁다. 나에겐 숨통이 트이는 다른 집이 필요하다. «

안드레이 타르코프스키는 장편 데뷔작 〈이반의 어린 시절〉을 시작으로 유작 〈희생〉까지, 모두 일곱 편의 탁월한 작품들을 통해 영화 역사에서 가장 위대한 감독 중 한 명으로 추앙받는 예술가입니다. 개인적으로는 영화평론가인 제가 가장 좋아하는 감독이기도 하구요.

  앞에서 소개한 일기는 그가 마흔한 살 때 쓴 것입니다. 경력으로나 나이 모두로 볼 때 그는 당시 절정에 올라 있는 예술가였습니다. 그런데 그런 상황에 놓여 있는 것처럼 보였던 시절조차 그는 자신이 하고 있는 일이 보잘것없어지고 있다며 한탄하고, 자신 주위에는 아무도 없다고 외로워하며, 스스로의 무능력함에 넌더리를 내고 있죠.

  영화 성자聖者로까지 추앙받는 그였지만, 이 책에 실린 일기들을 다 읽어보면 그의 삶을 빼곡히 채우고 있는 것은 관조와 여유와 희망 그리고 자신감이 아니라 불안과 허탈과 고독 그리고 조바심이었습니다. 네, 타르코프스키조차 그랬습니다. 그러니까, 당신만 슬프고 힘든 것은 아닐 거예요.

──● **인간 속의 악마**, 장 디디에 뱅상 지음

쓸쓸한 혼잣말

프랑스 생물학자인 장 디디에 뱅상의 《인간 속의 악마》는 진화론에 바탕을 두고 인간의 두뇌 속에서 우리의 행동과 인식 능력에 영향을 미치고 있는 악의 속성에 대해 탐구하고 있는 저작입니다. 뇌과학에 대해 친숙하지 않으면 좀 어렵게 다가오기도 하는 책이지만, 매우 독창적이고 흥미로운 책임에는 틀림없습니다. 그 중에서 인간의 언어 능력이 선천적인 것인지에 대해 서술하는 부분을 소개합니다.

>> 왜 언어가 본능인가에 대해 이야기해보자. 본능이란 한 동물이 환경에 적합한 조건, 특히 부모나 동류 동물과 접촉할 때 그 종만의 전형적인 행동을 하게끔 만드는 선천적인 능력을 말한다. 새가 나는 법을 일

부러 배우지 않는 것과 마찬가지로, 인간 역시 말하는 법을 따로 배우지 않는다. 이 능력은 태어나기도 전에 이미 뇌 속에 갖추어져 있다. 그러나 그렇다고 신비의 베일이 벗겨지는 것은 아니다. 인간의 언어본능은 오직 '상대방'이 개입해야만 나타날 수 있기 때문이다. 언어란 그 정의에 의하면 발화자와 수신자를 연결지어주는 역할을 한다. 어린아이는 말할 상대가 없으면 말을 하지 않는다. 아이의 말을 들어주는 수신자는 어쩔 수 없이 필연적으로 그의 교사가 된다. 어렸을 때 자신에게 언어의 비밀을 가르쳐준 그 힘은 나중에 어른이 되어 다른 어린아이에게 다시 언어의 비밀을 가르쳐주게 된다. 그러므로 언어가 지닌 유전적 특성을 인정해야 하는 것과 마찬가지로, 언어는 학습을 통해 얻어지는 것이라고 말하는 것도 설득력 있는 이야기이다.

하지만 언어의 본유성이 모든 사람들에게 다 받아들여지는 것은 아니다. 그에 대한 거부 반응은 부분적으로 미국 언어학자 촘스키N. Chomsky의 주장에 의해 야기된 것이다. 촘스키는 인간의 전유물이며 어떤 진화적 전례에서도 볼 수 없었던 '정신적 기관'이 만든 보편적 문법이 존재한다고 주장한다. 언어학자들은 언어를 본능의 수준으로 격하해버리는 것을 거부한다. 또 다윈의 법칙을 신봉하는 생물학자들은 인체의 어느 한 기관이 자연도태라는 준엄한 자연법칙의 힘을 벗어날 수 있다는 것을 상상조차 하지 못한다. 따라서 결국 촘스키는 이 양측의 반발을 동시에 사고 있다. 《

인간 언어 능력의 선천성 여부는 언어학에서의 오랜 난제입니다. 촘스

키 같은 학자는 인간이 보편적인 문법 같은 것을 갖고 태어난다고 주장하지만, 어떤 언어학자들은 언어를 본능의 수준으로 격하해버리는 것을 거부하기도 하니까요.

독일의 황제 프리드리히 2세는 두 명의 아이가 태어나자 모든 언어적인 접촉에서 고립시켜 자라도록 했다고 합니다. 그 아이들이 본능적으로 말하게 될 언어가 히브리어인지 그리스어인지 아니면 라틴어인지 알아보기 위해서였다고 하지요. 그런데 결국 두 아이는 아무 언어도 말하지 못하는 벙어리가 되었다고 합니다. 프리드리히 2세의 이 이상한 실험에서도 알 수 있듯, 한 가지 확실한 것은 인간의 언어가 상호적으로 발달한다는 것이겠지요.

혼자 지내다 보면 무생물과 대화를 하게 되는 경우도 종종 생깁니다. 저 같은 경우, 운전을 할 때 내비게이션과 소리를 내어 대화하는 일이 가끔씩 있습니다. 영화 〈중경삼림〉에서 양조위는 비누를 들고서 "요즘 많이 야위었구나"라고 말을 건네기도 하구요. 그런데 그렇게 혼잣말을 밖으로 내뱉다 보면, 스스로 민망해지다가 곧 쓸쓸해지면서 입을 다물게 되지요. 그러니까, 당신이 있어야만 비로소 존재하는 것에는, 언어도 있는 겁니다.

● **짜장면**, 안도현 지음

표기법의 권력

시인 안도현씨의 《짜장면》을 읽어봅니다. '어른이 읽는 동화'라는 말로 스스로의 성격을 밝히는 이 책은 가출을 한 뒤 중국음식점 '만리장성'에서 배달원 일을 하면서 삶과 사랑에 대해 아프게 배워가는 열일곱 살 소년의 이야기를 다룬 성장소설입니다. 가난해도 따뜻한 마음을 잃지 않는 이웃들의 이야기도 재미있습니다. 고통스러웠지만 다른 한편으로는 찬란했던 열일곱 살을 지나며 삶의 비밀을 조금씩 알아가던 주인공은 마지막에 다음과 같은 두 가지 다짐을 하게 되지요.

>> 다시 한번 말하지만, 내 생애에서 가장 찬란했던 빛은 열일고여덟 살 그 부근에서 서서히 꺼져갔다.

하지만 앞으로 지금보다 더 나이를 먹고, 나이를 먹은 만큼 욕을 먹고, 욕을 먹은 만큼 인생이 온통 치욕으로 얼룩진 어른이 되더라도 나는 두 가지만은 꼭 잊지 않고 살아가고 싶다.

첫번째는 지금껏 그래 왔던 것처럼 여기에 등장하는, 내가 그 당시 만나고 헤어졌던 사람들의 이름을 함부로 밝히지 않는 것이다. 어른들은 대체로 이름을 널리 알리거나 크게 내세우려는 경향이 있다. 그래서 명함을 만들어 돌리거나, 여러 이름이 함께 거론될 때는 그 맨 앞에 자신의 이름을 내걸고 싶어한다. 이름이란 아주 작은 것이다. 나는 그 이름들을 내 가슴속에 가만히 새겨두고 싶은 것이다.

그리고 두번째는 어떤 글을 쓰더라도 짜장면을 자장면으로 표기하지는 않을 작정이다. 그것도 어른들 때문이다. 어른들은 아이들이 짜장면이라고 쓰면 맞춤법에 맞게 기어이 자장면으로 쓰라고 가르친다. 우둔한 탓인지는 몰라도 나는 우리 나라 어느 중국집도 자장면을 파는 집을 보지 못했다. 중국집에는 짜장면이 있고, 짜장면은 짜장면일 뿐이다. 이 세상의 권력을 쥐고 있는 어른들이 언젠가는 아이들에게 배워서 자장면이 아닌 짜장면을 사주는 날이 올 것이라 기대하면서……. 《

얼마 전 국립국어연구원에서 '짜장면'을 표준어로 인정하기로 했다는 뉴스에 접하고서 고개를 끄덕이셨던 분들, 적지 않으시겠지요? 형을 형이라고 부르지 못하고 아버지를 아버지라 부르지 못했던 홍길동도 이번만큼은 짜장면을 짜장면이라고 부르면서 제대로 한풀이를 했을 거구요. 저 역시 그랬습니다. 음식이란 조리 이전에, 그 이름을 귀로 듣거나 눈으로 보는 순간부터 미각을 돋우기 시작하는 법인데, '자장면'이란 표기와 발음은 본의 아니게 최악의 애피타이저 역할을 했던 셈이었으니까요.

예전 신문사에 다닐 때, '내 인생의 짜장면'이란 시리즈 기획안을 낸 적이 있습니다. 그때는 표기법 원칙에 따라 '내 인생의 자장면'으로 적긴 했지만요. 그 시리즈를 통해 각계 명사들이 짜장면에 얽힌 자신만의 이야기를 글로 써서 연재한다면 충분히 흥미로울 것 같다는 게 제 생각이었어요. 사실 짜장면만큼 모든 이들의 추억이 서린 우리 음식도 거의 없을 테니까요.

안도현씨가 작중 화자의 입을 빌어서 했던 말마따나, 발음과 표기법 하나에도 권력이 작동하기 마련입니다. 그게 사람들의 상식이나 현실의 용례와 현격히 충돌해도 말이에요. 일제 시대에 나온 우리 소설들을 보면 지금은 순우리말로 표기되어 있는 단어들이 어색한 한자어로 적혀 있는 걸 발견할 때가 종종 있습니다. 그때는 요즘 쓰는 '장난'이란 말 대신 지을 작作 자에 어지러울 난亂 자를 써서 '작란'이라고 한자어로 표기하기는 식이었으니까요. '우레'라는 순우리말을 비 우雨 자에 번개 뢰雷 자를 써서 '우뢰'라고 오랫동안 표기하기도 했었지요.

1986년 외래어 표기법이 제정된 이후 '짜장면'은 공식적으로 '자장면'으로만 발음되거나 표기되어야 했지만, 말을 쓰는 실제 언중言衆들은 지난 25년간 짜장면이란 발음과 표기를 결코 포기하지 않았습니다. 그러니 짜장면이 짜장면으로 불릴 자격을 공적으로 획득함으로써 사반세기 만에 정체성을 되찾은 이번 일은, 언중이 언어에 대한 사용권을 권력으로 되찾아온 작은 성과라고까지 말할 수 있을지도 모릅니다.

저는 짜장면이 다시 표준어가 됐다는 뉴스를 듣고 난 직후부터 이상하게 당겨서, 그 한 주 사이에 세 번을 먹었습니다. 그러다가 다시 작은 고민이 들기도 했지요. 짜장면이 '당기는' 것은 '땡긴다'고 말해야 그 절절한 식욕이 제대로 전해질 수 있을 것만 같았으니 말이에요.

● **칼의 노래**, 김훈 지음

서늘한 위엄

《칼의 노래》는 전문가들을 대상으로 한 어느 문학잡지의 설문 조사 결과, 2000년대 가장 뛰어난 소설 1위로 꼽힌 작품입니다. 저 역시 이 소설을 굉장히 좋아합니다. "버려진 섬마다 꽃이 피었다"로 시작하는 이 탁월한 소설은 문장을 갈고 다듬는다는 게 어떤 것인지를 여실히 보여주지요. 형용사와 부사를 최대한 제거하고 감정적 여진의 꼬리를 냉철하게 잘라낸 문장들이 가진 선득한 힘이 이 작품에 있습니다. 그런데 이 소설 중에서도 제가 특히 좋아하는 부분은 바로 서문입니다. 명문이라고 생각하는데, 한번 같이 보시겠어요?

>>　　2000년 가을에 나는 다시 초야로 돌아왔다. 나는 정의로운 자들의 세상과 작별하였다. 나는 내 당대의 어떠한 가치도 긍정할 수 없었다. 제군들은 희망의 힘으로 살아 있는가. 그대들과 나누어 가질 희망이나 믿음이 나에게는 없다. 그러므로 그대들과 나는 영원한 남으로서 서로 복되다. 나는 나 자신의 절박한 오류들과 더불어 혼자서 살 것이다.

　초야의 저녁들은 헐거웠다. 내 적막은 아주 못 견딜 만하지는 않았다. 그해 겨울은 추웠고 눈이 많이 내렸다. 마을의 길들은 끊어졌고 인기척이 없었다. 얼어붙은 세상의 빙판 위로 똥차들이 마구 달렸다. 나는 무서워서 겨우내 대문 밖을 나가지 못했다. 나는 인간에 대한 모든 연민을 버리기로 했다. 연민을 버려야만 세상은 보일 듯싶었다. 연민은 쉽게 버려지지 않았다. 그해 겨울에 나는 자주 아팠다.

　눈이 녹은 뒤 충남 아산 현충사, 이순신 장군의 사당에 여러 번 갔었다. 거기에, 장군의 큰 칼이 걸려 있었다. 차가운 칼이었다. 혼자서 하루 종일 장군의 칼을 들여다보다가 저물어서 돌아왔다.

　사랑은 불가능에 대한 사랑일 뿐이라고, 그 칼은 나에게 말해 주었다. 영웅이 아닌 나는 쓸쓸해서 속으로 울었다. 이 가난한 글은 그 칼의 전언에 대한 나의 응답이다.

　사랑이여 아득한 적이여, 너의 모든 생명의 함대는 바람 불고 물결 높은 날 내 마지막 바다 노량으로 오라. 오라, 내 거기서 한줄기 일자진一字陣으로 적을 맞으리.　<<

이 소설은 당시 논란이 된 어떤 사건의 파장 속에서 김훈씨가 하던 일

에서 물러나 골방에 틀어박혀 완성한 작품입니다. 그리고 이 서문에는 그런 일을 겪은 작가의 심경이 담겨 있지요.

역설적으로 말한다면, 저는 이 서문이 따뜻하지 않고 관조적이지 않아서 좋습니다. 희망이나 연민 혹은 세상을 향한 온기 어린 시선만으로 삶의 문제가 해결되지 않는 경우도 적지 않습니다. 때로는 슬픔이나 분노로 도사린 채 안개 속을 돌파해야 하는 순간도 없지 않다는 것이지요. 이 서문을 채우고 있는 문장들은 그와 같은 상황에서 한 인간이 선명하게 뿜어내는 결기와 위엄을 보여줍니다. 거기에는 이상하게도 서늘한 감동이 있네요.

● **총, 균, 쇠**, 재레드 다이아몬드 지음

상처의 역설

재레드 다이아몬드가 쓴 《총, 균, 쇠》는 인류 문명의 발전 단계가 대륙이나 문화권에 따라 달랐던 이유를 병리학에서 언어학까지 다양한 학문적 분석을 동원해 명쾌하게 해설해서 퓰리처상을 받은 책입니다. 저자는 그와 같은 서술을 통해, 인종이나 민족에 따라 불평등한 상황이 도출된 이유를 인종주의적으로 설명하려는 견해를 통렬하게 반박하고 있지요. 현재 특정 인종이나 특정 지역이 다른 지역보다 우월하거나 열등한 상황에 놓이게 된 것은 타고난 인종적 특징 때문이 아니라 역사적 과정의 산물이라는 겁니다. 그 중에서 유럽인들이 신대륙 아메리카를 정복하는 데 결정적으로 기여했던, 전염병들을 옮기는 세균에 대한 일반적 서술 부분을 소개하겠습니다.

> (세균에 대한 인체의) 일반적인 반응은 면역 체계를 가동시키는 것이다. 백혈구를 비롯한 우리의 세포들은 외부에서 침입한 세균들을 능동적으로 찾아내어 죽인다. 우리의 몸은 우리를 감염시킨 특정한 세균에 대항하는 항체를 형성하므로 일단 치유된 뒤에는 다시 감염될 위험이 적어진다. 물론 경험을 통해 알고 있듯이 인플루엔자나 보통 감기 따위의 질병에 대한 우리의 저항력은 일시적인 것에 불과하여 결국 다시 그 병에 걸릴 수도 있지만 홍역, 볼거리, 풍진, 백일해, 그리고 지금은 정복된 천연두 등의 다른 질병들에 대해서는 단 한 번의 감염으로 자극을 받아서 생긴 항체가 평생 동안 면역성을 준다. 바로 이것이 예방 접종의 원리이다. 죽거나 약화된 균종菌種을 접종함으로써 질병을 실제로 경험하지 않고도 항체 생성을 자극하는 것이다.

그러나 일부 영리한 세균들은 인간의 면역성에 굴복하지 않는다. 어떤 세균은 우리의 항체가 인식하는 세균의 분자 구조(이른바 항원)를 변화시키는 속임수를 쓴다. 가령 인플루엔자는 새로운 균종을 진화시키거나 재생시켜 항원을 변화시키기 때문에 설령 2년 전에 인플루엔자에 걸렸던 사람이라도 올해 새로 나타난 다른 균종으로부터 안전할 수 없는 것이다. 말라리아와 수면병은 항원을 빠르게 변화시킬 수 있어서 더욱 골치 아픈 녀석들이다. 그러나 그중에서도 가장 골치아픈 것은 바로 에이즈이다. 이 병원균은 한 환자의 몸속에서도 계속 새로운 항원을 진화시키기 때문에 결국 그 환자의 면역 체계를 압도해 버린다. <

살다보면 비슷한 실수를 반복해서 저지르게 되는 경우가 많습니다. 그

실수 때문에 받게 되는 상처 역시 유사할 수밖에 없지요. 인간은 시행착오를 통해 학습을 해서 앞으로 나아가야 하는 존재일 텐데, 왜 지난 일에서 교훈을 얻지 못하는 걸까요.

그건 현재의 상황이 처음엔 이전과 다르게 느껴지기 때문일 수 있습니다. 예전과는 별개인 정황으로 보이기에 과거에 학습된 교훈을 떠올리지조차 못하는 것이지요. 그러나 결국 유사한 전개 끝에 흡사한 상처를 받게 되면 그제야 탄식하면서 자인합니다. 아, 나도 모르는 사이에 또다시 같은 실수를 저질렀구나. 말하자면, 세균의 분자 구조가 조금 변해 있기에 눈치를 채지 못했을 뿐, 우리는 결국 유사한 병에 반복적으로 걸리는 것과 마찬가지라고 할까요.

그런데 면역도 통하지 않는, 삶에서 반복해서 자주 받게 되는 상처는 어쩌면 그 사람이 삶에서 어떤 지향성을 갖고 있는지를 역설적으로 드러내고 있는지도 모릅니다. 계속해서 같은 함정에 빠진다는 것은 그 함정이 그에게 그만큼 매혹적이라는 뜻이지 않을까요. 그렇기에 분자 구조만 조금 바꿔도 인식하지 못하는 것이구요. 이를테면, 강점이 아니라 약점이 그가 진짜로 어떤 사람인지를 더 잘 드러낸다고 할까요.

어쩌면 진정으로 누군가를 괴롭힐 수 있는 건 항상 동일한 것인지도 모릅니다. 되풀이해서 입게 되는, 당신의 면역 체계를 압도해버리는 상처는 무엇입니까. 그러니까, 당신은 어떤 사람인가요.

하찮은 인간, 호모 라피엔스, 존 그레이 지음

인간이라는 수수께끼

《하찮은 인간, 호모 라피엔스》는 영국 철학자 존 그레이가 쓴 책입니다. '호모 라피엔스homo rapiens'는 '약탈하는 인간'이란 뜻으로 존 그레이가 인간의 특성을 말하기 위해 '호모 사피엔스'를 패러디해서 만든 용어지요. 그의 의견에 반대하는 학자들에 의해서 염세주의자나 허무주의자로 공격받기도 하는 존 그레이는 인간이 다른 동물보다 우월하다는 생각을 배격하고, 거기에 더해 세상이 좀더 나아질 것이라는 희망을 품는 것 자체가 인류가 저지른 무지막지한 폭력의 근본 원인이라고 말합니다. 휴머니즘 자체를 공격하는 존 그레이의 파격적인 주장을 그대로 받아들이기는 사실 쉽지 않습니다. 하지만 신경을 거스르는 그의 말들에는 한번 생각해볼 만한 부분들이 적지 않지요. 그 중에서 인간의 자유의지 자체가 착각이라고 주장하는 벤저민 리벳의 실험에 대한 대목을 읽어보겠습니다.

>> 최근의 과학적 연구 결과는 자유의지 개념을 더 심하게 반박하는 근거를 제시한다. 벤저민 리벳Benjamin Libet은 '0.5초 지연'이라는 현상을 설명했다. 그에 따르면 우리의 행동을 유발하는 내부의 충동은, 우리가 그 행동에 대해 의식적인 결정을 내리기 0.5초 전에 일어난다고 한다. 우리는 먼저 의식적으로 생각을 하고 나서, 그 다음에 행동한다고 생각하지만, 사실 거의 대부분의 삶에서 우리의 행위는 무의식중에 촉발된다. 뇌는 (우리가 모르는 사이에) 우리에게 행동할 준비를 갖추게 하고, 그 다음에 우리는 그 행동을 경험한다. 리벳의 연구팀은 이렇게 설명한다.

(…) 분명히 뇌는 행동을 촉발하기로 '결정'한다. 혹은 적어도, 그 행동을 촉발할 준비를 한다. 그런데 이는 그러한 결정이 내려진다는 것을 우리가 인식하기 이전에 벌어진다. (…) 뇌가 일으키는 촉발은 (의식의 영향을 받지 않기 때문에) 자율적이고 자발적이라고 볼 수 있다. (…) 그것은 무의식중에 시작될 수 있으며, 보통 실제로 그렇게 시작된다. <<

벤저민 리벳의 실험은 우리가 특정 행동을 하기 위해 먼저 의식적으로 뇌에서 결정을 내린다는 일반적 견해가 오류일 수 있음을 보여줍니다. 의식적인 결정이 내려지기 전에 무의식적이고 혼란스러운 충동이 이미 특정 행동을 끌어내고 있다는 것이니까요.

우리는 인간이 매우 주체적이고, 자신의 삶을 스스로 선택할 수 있는 존재라고 믿습니다. 하지만 삶에서 아주 중요한 결정을 내릴 때조차 그런 결정이 내려지는 상황을 곰곰 되짚어보면, 의외로 이성적인 추론의 결과라기보다는 순간적인 감정이나 오랜 습관 같은 것이 훨씬 더 중요하게 작용하고 있다는 사실을 알게 되지요. 아니, 우리가 내린 그 많은 결정에 대해서 그 결정의 이유 자체를 스스로가 모르는 경우도 많지 않습니까. 그러니 오랜 고민 끝에 최악의 결정을 내린다는 '장고 끝에 악수'라는 말이 있는 것도 무리는 아니겠지요. 정말이지, 인간은 그 자체로 수수께끼 같은 존재가 아닐 수 없습니다.

...04

에브리맨, 필립 로스 지음

권태라는 죄

필립 로스는 아직 국내에 많은 작품이 소개되지 않았지만, 코맥 매카시, 토머스 핀천 등과 함께 현재 미국 문학을 대표하는 작가로 평가받고 있지요. 한 남자의 장례식에서 시작해서 그가 죽음에 이르기까지의 과정을 사색적인 문장으로 다루고 있는 《에브리맨》은 죽음이라는 거울을 통해 비춰본 삶의 어두운 저편에 대한 강렬한 소설입니다. 이 소설의 주인공은 단 한 번도 이름이 언급되지 않습니다. 시종 그저 3인칭 단수의 '그'로만 표현되지요. 필립 로스가 그렇게 한 것은 아마도 소설 속 특정한 인물의 삶을 그려내면서 이 작품을 읽는 모든 독자, 더 나아가 유한한 삶을 사는 모든 인간의 보편적 삶 자체를 함께 거론하고 싶었기 때문일 겁니다. 그렇기에 책 제목도 '에브리맨'으로 지었겠지요. 인간은 누구나 죽는다는 허무하고도 명백한 사실 앞에서 필립 로스는 결코 현자賢者인 척 뒷짐 진 채 관조하거나 성급하게 과장하지 않고 엄정하고 세세하며 금욕적이면서 건조한 문장으로 서늘한 감동을 줍니다. 이 책의 주제와는 다소 떨어진 부분일 것 같긴 한데요, 《에브리맨》 중에서 주인공이 노년에 수술을 받는 대목을 읽어드리겠습니다.

>> 그는 간호사의 안내에 따라 수술실로 갔다. 안에서 대여섯 명이 강하게 내리쬐는 조명을 받으며 수술 준비를 하고 있었다. 그의 담당의사는 보이지 않았다. 의사의 친근한 얼굴을 보면 안심이 될 것 같았지만, 그 의사는 아직 수술실에 들어오지 않았거나 잘 보이지 않는 구석에 가 있었다. 젊은 축에 속하는 의사 몇 명은 이미 수술용 마스크를 쓰고 있었다. 그들을 보자 테러리스트 생각이 났다. 그들 가운데 한 명이 전신 마취를 원하는지 아니면 국부 마취를 원하는지 물었다. 꼭 웨이터가 레드 와인을 원하는지 아니면 화이트 와인을 원하는지 묻는 것 같았다. 그는 혼란스러웠다. 왜 마취 결정을 이렇게 늦게 내리는 걸까? "모르겠네요. 어느 쪽이 낫습니까?" 그가 말했다. "우리한테는 국부가 낫죠. 환자가 의식이 있으면 뇌 기능을 더 잘 관찰할 수 있으니까요." "그게 더 안전하다는 말인가요? 그 뜻으로 하는 말입니까? 그럼 그렇게 하죠." <<

하지만 이 소설의 주인공은 결국 국부 마취로 수술을 받으면서 내내 자신의 결정에 대해 후회해야 했습니다. 두 시간 가까운 수술 시간 동안 날카로운 수술 도구와 자신의 연약한 신체가 만나 발생하는 끔찍한 소리들을 고스란히 다 들어야 했던 것이지요. 그건 결국 어느 쪽이 더 나은지 물었을 때, 심드렁했던 의료진이 환자의 처지가 아니라 시술자의 편의에 따라 대답을 했기 때문이었습니다.

큰일을 겪을 때면 전문 직업을 가진 사람들에게 상처받게 되는 경우가 종종 있습니다. 예를 들어, 가족이 사경을 헤매서 애를 태우는 와중에 환자를 사무적으로만 대하는 의사를 만날 때, 억울한 일이 많아서 자세히 진술하고 싶은데도 위압적인 태도로만 일관하는 판사를 만날 때, 잘못 말을 꺼냈다가 행여나 불이익을 당할까 두려워 끝내 입을 다물어버리다 보면 가슴속은 숯덩이처럼 까맣게 타들어가기 일쑤입니다.

의료인이나 법조인에게는 늘상 발생하는 일상적인 일이겠지요. 그 직업을 가진 사람들에게는 매일 처리해야 하는 그 일들이 지겨운 노동일 수도 있을 겁니다. 하지만 그들에게는 권태로운 일이 그들을 마주해야 하는 사람들에게는 처음 겪는 당황스럽고 화급한 일입니다. 물론 의료인과 법조인을 거론한 것은 하나의 예에 불과할 뿐, 이건 누구에게나 적용될 수 있겠지요.

누구나 한두 번은 친절할 수 있습니다. 하지만 직업인은 자신이 하는 작업이 무엇이든, 한두 번이 아니라 매번, 반복되는 일을 정성들여 해내야 하지 않을까요. 작은 물건 하나를 사고파는 일도 그런데, 하물며 생명이나 사람 자체를 다루는 일들이라면 더 말할 필요가 없겠지요. 누군가의 흔한 권태가 다른 사람에게 깊은 상처가 된다면, 그게 죄가 아니라고 어떻게 부인할 수 있겠습니까.

● **명배우의 연기 수업**, 마이클 케인 지음

변장한 천사

《명배우의 연기 수업》이란 책을 쓴 사람은 바로 배우 마이클 케인입니다. 그는 〈사이더 하우스〉〈한나와 그 자매들〉로 아카데미상을 두 번이나 받은 바 있는 영국 배우지요. 〈알피〉〈배트맨 비긴즈〉〈다크나이트〉 등의 영화에서도 인상적인 연기를 보여주었구요. 이 책은 배우 지망생들에게 실질적인 조언을 하는 내용으로 가득한데, 사실 이런 조언의 대부분은 배우뿐만 아니라 다른 직업을 꿈꾸는 어떤 사람에게라도 그대로 적용될 수 있을 만큼 현명한 충고들을 담고 있습니다. 물론 오랫동안 수십 편의 영화에 출연한 사람답게 유명 작품에서의 경험과 에피소드들을 구체적으로 소개하고 있어서 읽는 재미도 있습니다. 그 중에서 '배우를 꿈꾸는 이들에게' 편의 한 부분입니다.

>>   무심결에 우연하게 만난 사람들이 언제 어떻게 당신의 인생 항로를 바꿔놓을 연쇄작용을 일으킬지 아무도 모를 일입니다. 제작사의 사무실 안에서만 영화 오디션을 본다고 믿는다면 당신은 아마 많은 기회를 놓쳤다고 봅니다.

세상에는 두 부류의 사람들이 있습니다. 한 부류는 남들에게 어떠한 평가를 받더라도 흔들림 없이 자기가 하고자 하는 일을 성취하려고 매일 끈질기게 매달리고 무엇이든 견뎌내서 결국에는 원하는 바를 이뤄내는 사람들입니다. 다른 부류는 아무리 대단한 인정을 받고, 장식장 위에 상패들이 즐비하게 늘어서 있을지라도 자신의 기회를 제대로 살리지 못하는 사람들입니다. 그렇다고 지금부터 쓰레기를 버리러 나갈 때도 좋은 옷으로 갈아입고 우아하게 걸으라는 말은 아닙니다. 당신이 오늘 쓸모없다고 치워놓은 쓰레기가 내일 황금으로 바뀔 수도 있다는 사실을 알려주고 싶은 것뿐입니다.

당신이 좀 성공했다고 해서 자기를 알리는 일을 등한시해서도 안 됩니다. 셜리 매클레인과 〈갬빗〉이라는 영화를 찍을 때입니다. 배우들이 촬영을 하러 스튜디오 건물로 건너가려는데, 때마침 관광버스 한 대가 우리 앞에 딱 멈춰 섰습니다. 영화 팬들을 가득 태운 버스 기사가 승객들이 배우들에게 쉽게 사인받을 수 있도록 일부러 배우들이 드나드는 출입문 앞에 차를 댄 것입니다. 그때 대부분의 배우들은 팬들을 피해 건물 한 편의 쪽문으로 빠져나갔지만, 저는 순간적으로 버스 기사가 자신이 해야 할 일을 충실하게 수행하고 있다는 사실을 깨닫고는 그의 어깨를

으쓱하게 만들어주고 싶었습니다. 폼 좀 잡게 해주고 싶었던 것이지요. 그래서 저는 버스에 탔던 모든 사람들에게 사인을 해줬습니다.

그게 뭐 대단한 일이냐고요? 참, 그날 버스를 운전했던 사람이 바로 그 유명한 할리우드 에이전트인 마이클 오비츠라는 사실을 말씀드리지 않았군요.

마이클 오비츠는 1980년대 이후 20여 년간 할리우드 최고의 파워맨으로 군림했던 사람이지요. 스티븐 스필버그, 마돈나, 마이클 잭슨, 톰 크루즈 같은 사람들의 매니지먼트를 맡으면서 〈쥬라기 공원〉〈레인맨〉 같은 영화를 직접 기획해 성공시킨 인사입니다. 그런 사람이 버스 기사였을 때 저렇게 강렬한 인상을 줄 수 있었으니, 마이클 케인이 그 후에 마이클 오비츠로부터 얼마나 큰 도움을 받았을지는 짐작할 수 있죠?

예전 프랑스 파리를 여행할 때 영화 〈비포 선셋〉에 나왔던 서점인 '셰익스피어 앤드 컴퍼니'에 들른 적이 있습니다. 그런데 그 서점 2층 입구에는 손글씨로 매우 인상적인 글귀가 붙어 있었지요. "나그네에게 함부로 대하지 마세요. 그들은 변장한 천사일 수도 있으니까요."

그리스 신화에서 필레몬과 바우키스는 허름한 나그네 차림으로 들른 제우스를 보고 그의 정체를 모르면서도 정성을 다해 대접했기에 나중에 제우스로부터 엄청난 선물을 받았다는 이야기도 있습니다.

업무적으로나 인간관계 때문에 잘 보여야 할 사람들에 대해서는 누구나 신경을 써서 대합니다. 그런데 나와 별 상관없는 누군가와 마주칠 때는 어떻습니까. 어차피 그 사람과는 짧게 스쳐 지나갈 뿐인 사이라구요? 아니요. 그 사람은 나중에 마이클 오비츠가 될 수도 있습니다. 사람들을 떠보기 위해 내려온 제우스일 수도 있지요. 잠시 변장한 천사일 수도 있구요. 아니, 꼭 그런 미래의 행운을 기대해서가 아니겠지요. 그냥 스쳐 지나가는 사람 하나하나에 대한 내 작은 행동 하나하나가 쌓여서 그 사람과 나의 기분 좋은 하루를 이루는 것 아닐까요.

낭만적인 고고학 산책, C. W. 체람 지음

일에 대한 사랑

《낭만적인 고고학 산책》은 독일의 저널리스트이자 저술가인 C. W. 체람이 쓴 책입니다. 풍부한 정보와 생생한 문체로 고고학사에 남아 있는 위대한 발굴들에 대한 이야기를 다루어 1949년에 처음 출간된 후 전세계적으로 500만 부 이상의 판매고를 기록한 고고학 분야의 기념비적 명저이지요. 이 책의 원제는 '고고학 장편소설'일 정도로 수천년 세월을 복원하는 고고학의 발자취를 흥미진진하게 재구성하여 보여주고 있습니다. 그 중에서 트로이 유적을 발굴한 하인리히 슐리만에 대한 이야기의 일부를 옮겨보겠습니다. 슐리만은 트로이 유적을 발굴했다고 발표한 뒤 엄청난 반향을 일으켰는데 이른바 정통파 학계 인사들은 그를 집요하게 공격했었지요.

>> 학자들이 슐리만에게 퍼부은 신랄한 공격의 핵심은 그가 아마추어라는 사실이었다. 정통파 학자들은 미지의 세계를 향해 도약의 발판을 마련한 사람들의 삶을 피곤하게 만든다. 정통파 학자들의 이러한 고집은 발굴의 역사가 흘러도 사라지지 않았다. 슐리만에게 가한 공격은 원칙에 관한 것이었다. 여기서 이와 관련된 인용을 덧붙여 몇 마디 하고자 한다. 먼저 아마추어라는 이유로 공격하는 것에 단단히 화가 난 철학자 쇼펜하우어의 말부터 들어보자.

"아마추어! 아마추어! 이 말은 학문이나 예술을 애정과 즐거움 때문에, 그 분야에 대해 알고 싶은 열정 때문에 추구하는 사람들을 생업으로 그 일에 종사하는 사람들이 얕잡아 일컫는 말이다. 왜냐하면 그 사람들은 그 일로 벌어들이는 돈만 좋아하기 때문이다. 이러한 경멸은 빈곤, 배고픔 또는 기타 강한 욕구가 있는 사람만이 그 일을 진지하게 수행할 수 있다는 천박한 신념에 뿌리를 박고 있다. 일반 대중의 생각도 같으며, 따라서 그들도 같은 목소리를 낸다. '전문가'에 대한 일반적인 존경심과 아마추어에 대한 불신은 여기에서 비롯된다. 그러나 사실 아마추어에게는 예술이나 학문 자체가 목적인 반면, 전문가들에게는 수단일 뿐이다. 학문이나 예술을 가장 진지한 열정으로 추구하는 사람은 그 일 자체에서 중요한 의미를 찾는 사람, 그래서 순수한 애정으로 그 일에 매진하는 사람이다. 최고로 위대한 업적을 이룬 사람은 언제나 이런 아마추어들이었다. 돈 받고 일하는 사람이 아니었다."

하인리히 슐리만은 어린 시절, 가난한 목사였던 아버지로부터 호메로스의 그리스 신화를 밤마다 들으며 이야기 속에 푹 빠졌습니다. 그러다 일곱 살 때 《그림으로 보는 세계사》라는 책을 선물 받고서 그 책에 있는 트로이 성의 그림을 보며 아버지 앞에서 큰 소리로 다짐했다지요. "이 모든 것이 파괴되어서 흔적도 없이 사라졌다구요? 내가 어른이 되면 트로이를 기필코 찾아낼 거예요."

그로부터 39년이 지난 후 어느 날, 슐리만은 터무니없는 것처럼 보였던 어린 시절의 꿈을 위해서 그때까지 성공적인 무역업을 통해 벌어들였던 돈을 총동원해 트로이 유적지 발굴에 나섰습니다. 그리고 끝내 성공했지요. 돈키호테처럼 보였던 아마추어 발굴가 슐리만의 성과에 대해 주류 고고학계의 전문가들은 끊임없이 의심을 품고 공격을 퍼부었구요. 하지만 시간은 결국 슐리만이 옳았다는 것을 증명했습니다.

그러니까 슐리만에게는 주류 학자들이 결여하고 있었던 굉장한 덕목이 있었던 것이지요. 그건 바로 자신이 하는 일에 대한 사랑과 그 사랑을 지속시켜나갈 수 있는 의지였습니다. '아마추어amature'라는 말은 '무엇인가를 사랑하는 사람'이라는 뜻의 라틴어 '아마토르Amator'에서 왔다고 하지요. 결국 아마추어인 슐리만이 프로페셔널한 고고학자들도 감히 상상할 수 없었던 거대한 업적을 쌓는 데 성공했다는 이 이야기의 교훈은 명백해 보입니다.

전력을 다해 어떤 일에 덤벼들 때 그 사람이 성공을 거두기 위해서는, 그 일 자체가 수단이 아니라 목적이 되어야 한다는 겁니다. 어떠한 일을 잘하려면 무엇보다 그 일을 좋아해야 한다는 것이지요. 공자님이 괜히 〈논어〉에서 '지지자 불여호지자知之者 不如好之者', 즉 '아는 것은 좋아하는 것보다 못하다'고 한 게 아닐 겁니다.

기타노 다케시의 생각 노트, 기타노 다케시 지음

숲에서 나오니

〈소나티네〉〈키즈 리턴〉〈하나비〉〈기쿠지로의 여름〉 등을 연출한, 일본을 대표하는 거장 감독이자 저명한 코미디언인 기타노 다케시가 자신의 생각을 적어놓은 수필집 《기타노 다케시의 생각 노트》를 읽었습니다. 이 책을 읽다보면 기타노 다케시의 마음속에는 무슨 일에도 담담해진 백 살 노인과 무엇을 해도 신나는 일곱 살 소년이 함께 살고 있는 것 같은 느낌이 절로 들지요. 때로는 독설을, 때로는 담백한 관조를 동시에 만나볼 수 있는데요, 특유의 유머도 빼놓을 수 없을 겁니다. 기타노 다케시가 고급 승용차를 샀을 때의 일화를 한번 읽어볼까요.

》　　나는 줄곧 포르쉐를 동경했다. 그래서 돈이 생기자 바로 사러 갔다.

　현금을 들고 전시장에 가서 포르쉐를 타고는, 천몇백만 엔인가를 척 내놓고 그대로 그 포르쉐를 타고 돌아가려고 했더니 판매사원이 웃었다.

　"등록을 하고 번호를 따지 않으면 탈 수 없습니다."

　차는 2주 후에 받을 수 있다는 말을 듣고 어린아이처럼 풀이 죽었다. 포르쉐도 장난감과 같다고 착각하고 있었다. 사서 집에 돌아가는 도중에 상자를 뜯어서 가지고 놀 수 없었다.

　그 포르쉐에는 추억이 있다.

　막상 차를 타보고 놀랐다. 포르쉐에 탔더니 포르쉐가 보이지 않는 것이다. 신호 대기하는 동안에 빌딩 쇼윈도에 내가 탄 포르쉐가 비치는 것을 보고서야, "역시 포르쉐는 멋있구나" 하고 기뻐했을 정도다.

　그 정도로는 만족할 수 없어서 친구를 불러냈다. 포르쉐의 열쇠를 건네면서 부탁했다.

　"이 차로 고속도로를 달려줘."

　나는 택시를 타고 그 뒤를 쫓아가며 내 포르쉐가 달리는 모습을 바라보았다. 택시 조수석에 앉아서 "좋죠? 저 포르쉐, 내 거요"라고 했더니, 기사가 깜짝 놀라서 물었다.

　"왜 직접 안 타십니까?"

　나는 이렇게 대답해주었다.

　"바보군요. 내가 타면 포르쉐가 안 보이잖아요".　《

이쯤 되면 기인이 아니면 천재겠죠? 10여 년 전 체코 프라하에 여행을 간 적이 있었습니다. 그때 프라하의 명물 중 하나로 꼽히는 카를 다리에 가보고 무척 깊은 인상을 받았지요. 만들어진 지 700여 년이 된 카를 다리는 다리라기보다는 작은 광장에 가까운 곳이었는데, 데이트하는 남녀가 어찌나 많은지, 프라하의 연인들은 모조리 다 그 다리 위에 서만 사랑을 속삭이는 것처럼 여겨질 정도였습니다. 한참 구경하다가 다리 위에서 정신없이 셔터를 누르기 시작했는데, 어떻게 찍어도 사진이 만족스럽지 않더군요. 그러다 갑자기 깨달았습니다. 아, 다리 위에서는 다리의 사진을 온전히 찍을 수가 없구나. 그날 카를 다리를 찍은 꽤 많은 사진들 중 제 마음에 든 것은 결국 그 다리를 벗어나 한참 더 밑으로 내려간 후 강변에서 다리를 돌아보며 찍은 샷이었습니다.

현재 내가 겪고 있는 경험이 정확히 어떤 경험인지 잘 몰라서 답답해질 때가 종종 있습니다. 지금 이 일은, 지금 이 시기는, 지금 이 사람은, 지금 이 사랑은, 내 인생에 어떤 의미로 남게 될지 말입니다. 그럴 때 제가 늘 떠올리는 것은 시인과 촌장의 노래 〈숲〉입니다. 그 노래는 아주 간단한 세 줄의 가사만을 갖고 있지요.

"숲에서 나오니 숲이 보이네. 푸르고 푸르던 숲. 내 젊은 날의 숲."

당신이 지금 답답해하는 것은 어쩌면 당연한 일인지도 모릅니다. 당신은 지금 숲을 지나거나 다리를 건너고 있으니까요.

전을 범하다, 이정원 지음

가치의 공존

한국 고전소설 연구자인 이정원씨의 《전傳을 범하다》는 장화홍련전과 홍길동전에서 춘향전과 심청전까지 열세 편의 우리 대표적 고전소설들을 다루고 있습니다. 누구나 잘 알고 있는, 또는 그렇다고 믿고 있는 이 이야기들을 소개하는 것에 그치는 것이 아니라 소위 권선징악이라는 교훈을 내세우는 이들 이야기의 이면에 얼마나 폭력적인 지배 이데올로기가 담겨 있는지를 밝혀낸 후 이를 신랄하게 공격하지요. 그 중에서 〈심청전〉에 대한 비판을 담은 대목을 읽어봅니다.

>> 신소설 작가 이해조는 1910년에 발표한 〈자유종〉에서 〈심청전〉은 '처량 교과서'라고 잘라 말했다. 나아가 '국민 개조'를 지식인의 사명

으로 알았던 그는 이런 작품으로 국민을 가르치면 어찌 미래로 나아가려는 소망이 생기겠냐고 비판했다.

이처럼 이해조가 〈심청전〉에서 자조적이고 '무기력한 눈물'만을 보았다면, 오늘날의 사람들은 '거룩한 도덕'만을 보는 것 같다. 〈심청전〉은 아비의 눈을 뜨게 하려고 효녀 심청이 인당수에 몸을 던진 갸륵한 이야기라는 것이다. 그러면서 이 작품 역시 효나 권선징악이라는 익숙한 주제를 드러내는, 이제는 한참 유행에 뒤처진 이야기로 치부하고 만다.

그러나 그런 게으른 해석을 접어두면, 〈심청전〉은 '처량함'이나 권선징악 따위의 뻔하디 뻔한 감정과 교훈으로 표현될 수 없는 전율을 느끼게 하는 작품이다. 효의 절대성을 믿지 않는 사람들에게 〈심청전〉이란, 사람의 몸을 희생물로 바친다는 의미의 '인신공희人身供犧' 모티브가 지시하는 것처럼, 아비의 눈을 뜨게 하기 위해 공동체가 그 딸을 '살해'한 이야기일 뿐이기 때문이다.

누군가는 심청이 자발적으로 죽음의 길에 나섰으며, 공동체는 여기에 관여한 적이 없다고 항변할 수도 있다. 그러나 여기서 공동체의 살해란 물리적인 의미의 것이 아니다. 눈먼 아비를 위해서는 기꺼이 목숨을 내놓을 수 있다는 폭력적 이데올로기를 도화동 사람들은 숭배하고 있었다. 그리고 이러한 문화적 훈육의 결과, 심청은 스스로를 희생했다. 이 점이 '이념 공동체의 심청 살해'의 진상이다.

효가 얼마나 소중한 가치인지에 대해 〈심청전〉만큼 힘주어 강조하는 텍스트도 없을 겁니다. 이건 지극한 효성의 결과로 아비의 눈을 뜨게 하고 스스로도 황후가 되어 행복한 삶을 누리게 되는 이야기니까요.

하지만 《전을 범하다》의 지은이는 이 고결해 보이는 희생이 사실은 공동체가 강요한 일종의 타살이라고 주장합니다. 〈심청전〉에서 심청을 제외한 모든 사람들은 심청이 인당수에 뛰어드는 것에 대해 방조하거나 끝내 용인함으로써 이익을 얻고 있다는 것이지요. 심봉사는 자신의 눈을 뜨게 하기 위한 공양미 삼백 석을 구했고, 뱃사람들은 풍랑을 잠재울 희생 제물을 얻었으며, 마을 사람들은 가해자와 피해자가 상호 합의한 살인을 자발적인 희생으로 간주하고 받아들임으로써 무엇보다 위계를 신성시하는 전통적 공동체의 이데올로기를 유지한다는 겁니다. 효는 물론 칭송받아 마땅한 덕목입니다. 하지만 딸의 목숨보다 아버지의 눈이 더 소중하다고 확언하는 가치 체계는 곧 끔찍한 폭력이 될 수 있다는 것이지요.

이 책은 이와 같은 비판적 시선으로 〈장화홍련전〉에서 가부장제 이데올로기의 견고함을 보아내고, 〈춘향전〉에서 정절의 허상을 발견하며, 〈토끼전〉에서 정치적인 인간들의 권모술수를 캐냅니다. 《전을 범하다》의 비판이 모두 수긍되는 것은 아닙니다. 비판적 시선을 철두철미하게 견지하려는 과정에서 무리한 해석이 드러나기도 하니까요. 하지만 고전소설 속에 담긴 특정 가치에 대한 공동체의 확신과 강요를 냉정하게 응시하다 보면, 점차 머릿속이 착잡해집니다.

그러니까, 아무리 숭고한 가치라도 그게 단 하나의 덕목으로 추앙되거나 반드시 지켜내야 할 기준으로 강제될 때, 가치는 쉽사리 폭력으로

변질될 수 있습니다. 정말로 중요한 것은 가치의 순도나 강도가 아닙니다. 서로 다른 가치들 사이의 균형과 평화로운 공존이야말로 그 무엇보다 소중합니다.

● **건지 감자껍질파이 북클럽**, 메리 앤 섀퍼 · 애니 배로스 지음

꿈보다 연민

영국 작가 메리 앤 섀퍼의 소설 《건지 감자껍질파이 북클럽》을 읽어봅니다. 평생 소설가의 꿈을 간직하고 있던 메리 앤 섀퍼는 이 작품을 쓰다가 다 끝내지 못하고 세상을 뜨고 말았지요. 결국 조카 애니 배로스가 마무리를 하게 되었다고 합니다. 데뷔작이자 유작이 된 이 소설을 세상에 남겼을 때 섀퍼의 나이는 일흔한 살이었습니다.

《건지 감자껍질파이 북클럽》은 제2차 세계대전 당시 독일군에 점령됐던 영국의 건지 섬 사람들이 그 살벌한 점령군 치하에서도 책을 읽고 토론하는 북클럽을 통해 삶에 대한 희망을 계속 이어갔던 이야기를 서간문 형식으로 다루고 있습니다. 이 소설의 주인공인 줄리엣 애슈턴은 전쟁이 끝난 후 자료 조사를 하다가 건지 섬 사람들에 대한 이야기를

전해 듣고 편지 교류를 통해 진실에 접근하지요.

그 중에서 런던에 사는 줄리엣 애슈턴과 건지 섬에서 농장을 운영하는 도시 애덤스가 19세기의 대표적인 영국 작가 찰스 램에 대해 편지를 통해 의견을 나누는 대목을 읽어보겠습니다. 찰스 램은 정신질환 때문에 어머니를 살해한 여동생을 돌보느라 평생 독신으로 지낸 사람이었지요.

〉〉　　(도시가 줄리엣에게)

찰스 램의 글을 읽다 보면, 지금 내가 있는 이곳 세인트 피터포트보다 그가 살던 런던이 더 편안하게 느껴집니다.

그렇지만 도무지 상상할 수 없는 부분도 있습니다. 일터에서 돌아온 찰스 램이 칼에 찔려 죽은 어머니와 피 흘리는 아버지, 그 옆에서 피 묻은 칼을 들고 서 있는 누이 메리를 발견했다지요. 그런 상황에서 어떻게 방 안으로 들어가 누이의 손에서 칼을 뺏을 수 있었을까요? 경찰이 누이를 정신병원으로 보낸 후에는 판사를 설득하여 누이를 데려와 자기가 돌보겠다고 했다죠. 당시 그는 겨우 스물한 살이었습니다. 어떻게 그들의 마음을 돌릴 수 있었을까요?

그는 누이가 죽을 때까지 그녀를 보호하겠다고 약속했습니다. 그리고 그렇게 결심한 이상, 결코 발을 빼지 않았지요. 그가 그토록 좋아한 시 쓰기도 그만두었다고 합니다. 대신 생계를 위해 딱히 좋아하지도 않던 비평과 수필을 썼다네요. 그는 동인도회사의 서기로 일하면서 만일의 '그날'을 위해 돈을 모았습니다. 메리가 다시 발작을 일으키는 '그날'

은 어김없이 찾아왔고, 찰스는 또다시 그녀를 사설 보호소에 맡겨야 했지요.

그 후에도 찰스는 누이를 진심으로 그리워했습니다. 그만큼 절친한 남매이자 친구였던 겁니다. 생각해봐요. 찰스는 누이에게 언제 또 나타날지 모를 끔찍한 발작의 징후를 매의 눈으로 예리하게 관찰해야 했고, 메리는 또다시 광기가 자신을 덮칠 것을 알면서도 그것을 막을 방도가 없었지요. 그야말로 최악이었을 겁니다. 찰스가 몰래 누이를 지켜보며 앉아 있고 누이도 자신을 훔쳐보는 그를 보며 앉아 있는 모습을 나는 상상해봅니다. 남매 둘 다 상대방에게 강요된 삶의 방식을 서로 얼마나 증오했겠습니까.

하지만 메리가 제정신일 때는 그처럼 멀쩡하고 훌륭한 친구도 없었을 것 같지 않습니까? 찰스는 분명 그렇게 생각했고 그의 친구들도 모두 같은 생각이었습니다.

(중략)

(줄리엣이 도시에게)

당신이 찰스 램에 대해 글로 얘기하려 했다니 기뻐요. 나는 언제나 메리의 슬픔이 찰스 램을 훌륭한 작가로 만들었다고 생각했어요. 그 때문에 그가 시를 포기하고 동인도회사의 서기가 되어야 했다 해도 말이에요. 그의 연민은 위대한 작가 친구들도 감히 넘볼 수 없는 천부적인 재능이었지요.

쉽게 낫지 않는 병을 가진 가족을 오랜 세월 돌본다는 게 얼마나 힘든 일일까요. 더구나 그 가족이 정신병 때문에 어머니까지 살해했고 또 언제라도 자신에게까지 위해를 가할 수도 있는 사람이라면요. 《건지 감자껍질파이 북클럽》이 아니라도, 저는 찰스 램이라는 작가를 생각할 때마다 그와 여동생의 이야기가 떠오르면서 처연해집니다. 찰스 램은 여동생에 대한 연민 때문에 자신의 꿈과 삶 자체까지도 희생했으니까요. 하지만 그런 연민이 있었기에, 그런 연민으로 시간을 감내했기에, 역설적으로 찰스 램은 《엘리아 수필집》 같은 뛰어난 글들을 쓸 수 있었던 게 아닐까요. 그러고 보면 창작자에게 연민만큼 필요한 능력은 없을지도 모릅니다. 그건 삶에서도 마찬가지겠죠.

종종 저는 제 책에 사인을 부탁하시는 분들께 '꿈보다 연민'이란 글귀를 함께 적어드리곤 합니다. 연민보다 더 소중한 감정을, 저는 알지 못하니까요.

암컷은 언제나 옳다, 브리짓 스터치버리 지음

남자 이해하기

새들의 짝짓기에 대해서만 평생 연구해온 동물학자 브리짓 스터치버리의 《암컷은 언제나 옳다》는 제목이 상당히 도발적이지요? 지은이 스터치버리는 스스로를 '새들의 은밀한 사회적 삶을 밝혀내는 새 탐정'이라고 재미있게 소개하고 있는데요, 이 책은 새들이 짝짓기를 할 때 상대를 선택하는 데 결정적인 쪽은 결국 암컷이라는 사실을 집중적으로 밝히고 있습니다. 새의 세계에서는 수컷이 암컷보다 훨씬 더 화려하다는 것은 익히 잘 알려진 사실이지요. 그 중에서 '수컷이 왜 더 섹시한가'라는 대목의 일부를 읽어보겠습니다.

>> 암컷은 짝을 이루어 교미를 할 수컷을 고르는 데 까다로우며,

여러 세대에 걸쳐서 암컷의 선택은 수컷들을 서로가 서로를 능가하도록 더욱 치열한 경쟁으로 몰고 갔다. 성 선택이라고 부르는 이러한 과정은 진화에서 강력한 힘을 발휘하며, 인간 관찰자들에게 수컷이 매력적으로 보이는 밝은 색깔과 멋진 노래와 아름다운 장식들을 가진 이유가 된다. 암컷은 당혹스러울 만큼 다양한 수컷의 특성들에 직면하게 되며, 그 각각의 특성들은 서로 다른 기본적 자질을 표시하는 것일 수 있다. 수컷은 대체로 암컷의 처분에 달려 있으며, 암컷의 관심을 받기 위해 다른 수컷들과 경쟁해야 한다.

구애를 위한 준비에는 상당한 공이 들어갈 수 있다. 한 신사가 매력적인 여성을 만나서 사적이고 친밀한 저녁식사에 초대한다고 상상해보자. 독신남 아파트는 말끔하게 정돈되고 청소되어 있고, 어지러운 물건들은 옷장과 서랍장에 숨겨져 있다. 그는 머리를 단정히 빗고 다림질된 바지와 셔츠를 입는다. 작은 꽃다발을 정성스럽게 식탁에 올려놓고 조용한 음악으로 한껏 분위기를 잡는다. 그러나 그녀가 그런 것에 마음이 흔들리지 않는다면 어찌할 것인가? 만일 그가 극락조에게서 교훈을 얻는다면, 검정 발레복을 입고 온 방 안을 껑충거리며 뛰어다닐 것이다. 그가 방울새를 흉내 낸다면, 신중한 태도를 보이는 그녀에게 옆걸음으로 슬금슬금 다가가서 치렁거리는 귀밑 장식을 흔들어대며 그녀의 귀에 대고 소리를 지를 것이다. 만일 군함새라면, 거대한 빨간 풍선을 부풀려 목구멍에 붙인 다음, 그것을 열심히 흔들어 유혹하며 쉼 없이 재잘거릴 것이다.

짝짓기 선택 이론의 기본 원리는 암컷은 수컷이 기르거나 과시하기 힘든 특성들을 더 좋아한다는 것이다. 왜 그럴까? 정교한 춤과 깃털, 노래에만 주목함으로써 암컷은 수컷의 특징을 정확하게 테스트할 수 있다. 약하거나 아픈 수컷은 건강한 수컷만큼 회전이나 점프, 도약과 같은 에너지가 많이 드는 과시를 잘할 수 없을 것이다. 새들에게 가장 흔한 질병 중 하나는 조류독감이나 말라리아처럼 기생충과 내장 기생충으로부터 생긴다. 수컷의 과시가 기생충 감염 때문에 장애가 된다면, 암컷은 그의 현재 건강 상태, 그리고 조금 덜 직접적이지만 질병에 대한 유전적 저항력을 판단할 수 있을 것이다.

극락조처럼 멋진 옷을 차려입고 춤추지 않아도, 방울새처럼 요란한 액세서리를 자랑하며 어필하지 않아도, 군함새처럼 쉬지 않고 유혹의 멘트를 날리지 않아도, 남성들 역시 여성들의 눈길을 끌기 위해 알게 모르게 저마다의 방법을 동원할 겁니다. 패션과 몸치장에 많은 관심을 보이는 남자를 일컫는 말인 메트로섹슈얼이나, 강한 남성미와 세련된 매너를 함께 지닌 남자를 뜻하는 용어인 위버섹슈얼처럼, 외모에 관심을 두는 남성들이 많아지는 것도 어쩌면 자연스러운 변화일 수 있겠구요.

주변의 남자들이 나이에 걸맞지 않게 유치한 행동을 하거나 납득하기 어려운 행동을 할 때가 꽤 많지요? 그 상당 부분이 세상의 나머지 절반인, '여자사람'을 의식한 모습이라는 걸 떠올리시면 다르게 보일 수도 있을 겁니다. 물론 여자들도 크게 다르지 않겠지만요. 그리고 제가 앞의 《건지 감자껍질파이 북클럽》에 대한 글에서도 말씀드렸지요? 세상에서 연민만큼 소중한 감정은 없다니까요.

● **제목은 뭐로 하지?**, 앙드레 버나드 지음

밤은 말한다

미국의 출판인 앙드레 버나드의 책 《제목은 뭐로 하지?》는 독특한 타이틀을 가진 영문학 작품들이 어떻게 그런 제목을 갖게 되었는지에 대한 일화를 가득 담고 있어서 눈길이 갑니다. 제인 오스틴의 《오만과 편견》은 《첫인상》에서, 블라디미르 나보코프의 《롤리타》는 《바닷가 왕국》에서 각각 바뀐 것이라고 하네요. 저처럼 글을 쓰고 책을 내는 사람이나 출판 편집자라면 항상 가지고 있는 고민이 바로 제목에 대한 것일 텐데요. 그 중에서 넬슨 올그런이 썼던 소설 '황금 팔을 가진 사나이'에 대한 뒷이야기 부분을 읽어보지요.

>>   시카고의 소설가 넬슨 올그런은 자신의 책을 내는 더블데이 Doubleday 출판사와 대체로 좋은 관계를 유지하고 있었지만 편집자와 빚어질 수 있는 말썽에는 매우 민감했으며, 편집자들이 어떤 식으로든 자기에게 해를 끼치려 든다고 의심했다. 그러니 더블데이 편집주간 켄 매코믹이 1947년의 단편집 제목으로 '네온의 황야Neon Wilderness'에 열광하자 올그런이 떨떠름해한 것은 당연했다. 매코믹은 이렇게 회고한다. "내가 그 제목이 좋다고 하자마자 그는 마음에 안 든다고 말했다. 정말 괜찮은 제목임을 그에게 확신시키느라 제삼자를 불러야만 했다." 다음 책도 문제였다. '프랭키 머신'이란 별명으로 불리는 마약 중독자이자 도박꾼이며, 카드 놀음에 뛰어났기 때문에 '황금 팔'의 소유자로 알려진 프란시스 마이치네크를 주인공으로 하여 거칠게 쓴 소설의 제목으로 더블데이가 '황금 팔을 가진 사나이'를 밀자 올그런은 다른 제목을 찾느라 공책을 뒤적였다. 그는 '자비 없는 밤Night without Mercy'이 마음에 든다고 했다. "감정적으로도 함축하는 게 있고 주관적인 제목이어서 좋습니다. 반대로 '황금 팔'은 객관적 사실만을 밋밋하게 서술한 거잖아요. …… '황금 팔'이 독특한 제목이긴 해도 처음의 신기함이 사라지고 나면 오래 버티지 못할 것 같네요." 올그런의 판단은 틀렸다. 이 제목은 유행어가 되었고 작품은 전미도서상National Book Award을 거머쥐었다. 그러나 올그런은 《광란의 거리A Walk on the Wild Side》에 대해서도 마찬가지로 엎치락뒤치락했다. 매코믹이 '광란의 거리'에 동의하자 그는 '장화를 신은 사람Somebody in Boots'이라는 싱거운 제목을 제시하더니 다시 '피너티의 무도회Finnerty's Ball'로 바꾸고자 했다. <<

책을 쓴 작가 입장에서는 그 책의 제목을 정할 때도 무척이나 고심하지 않을 수 없습니다. 책의 핵심이 요약되기도 해야 하고, 말의 맛도 살아 있어야 하며, 그 자체로 임팩트도 있어야 하니까요. 베스트셀러인 김난도 교수의 《아프니까 청춘이다》도 저자가 원래 제안한 제목은 《젊은 그대들에게》였다죠? 경이로운 판매 부수를 기록했던 김진명 작가의 《무궁화 꽃이 피었습니다》는 이전에 《플루토늄의 행방》이란 제목으로 출간됐을 때는 거의 주목받지 못한 소설이었구요. 그러고 보면 '제목 장사가 절반'이라는 출판계의 속설도 과장만은 아닐 수도 있겠지요.

제가 썼던 책 《길에서 어렴풋이 꿈을 꾸다》 역시 원래 제가 제안한 제목은 그냥 '어렴풋이'였습니다. 여행기였던 그 책을 쓰면서 여행 경험을 돌아볼 때의 제 느낌이 '어렴풋이'라는 부사 하나에 그대로 응축되는 것 같아서였지요. 그런데 출판사에서 '어렴풋이'란 부사 하나만으로는 그야말로 제목이 어렴풋하기만 하다면서 '길에서 어렴풋이 꿈을 꾸다'가 좋겠다는 의견을 내서 결국 그것으로 정해졌어요. 저는 지금도 '어렴풋이'란 제목에 더 끌립니다. 하지만 그 제목으로 책이 나왔다면 아마도 책 판매량은 절반으로 줄었을 거예요.

제가 DJ를 맡고 있는 MBC FM의 〈이동진의 꿈꾸는 다락방〉을 본격적으로 시작하기에 앞서서, 프로그램 타이틀을 어떻게 지을까를 놓고 담당 PD가 제게 의견을 물으신 적이 있었어요. 생각을 좀 하다가 그때 제가 냈던 아이디어는 이런 것들이었습니다.

이동진의 밤하늘을 날아서, 이동진의 디어 다이어리, 이동진의 밤은 안개처럼 속삭인다, 이동진의 올빼미 라디오, 이동진의 이 밤에 어렴풋이.

결국 MBC 라디오국에서 생각해내신 '이동진의 꿈꾸는 다락방'이 최종 타이틀로 정해졌지요. 지금 생각하면 제가 그때 왜 그런 타이틀들을 제시했나 모르겠어요. '이동진의 꿈꾸는 다락방'도 무척 좋고, 줄여서 '꿈다방'도 이렇게 좋은데 말이죠. '밤하늘을 날아서'를 줄이면 '밤날서', '디어 다이어리'를 줄이면 '디다리', '이밤에 어렴풋이'는 '이어이'……. 결국 '꿈다방'이어서 다행입니다. 정말 다행이에요. 아, 그래도 그때 제가 제안했던 타이틀 후보는 하나 살아남아서 이 프로그램에 코너명으로 반영되었답니다. 그게 뭐냐구요? 그건 바로 이 책의 토대가 된 '밤은 말한다'였습니다.

새의 선물, 은희경 지음

상처받지 않는 법

오늘밤 꺼내든 책은 은희경씨의 장편소설 《새의 선물》입니다. "열두 살 이후 나는 성장할 필요가 없었다"고 당당하게 선언하는, 조숙하기 이를 데 없는 열두 살 소녀의 시선으로 1960년대 말의 한국 사회를 생생하게 그려냈던 은희경씨의 이 데뷔작은 1990년대 한국문학계가 거둔 가장 빛나는 성과 중 하나라고 할 수 있겠지요. 차가우면서도 위트 넘치는 문체와 다양한 인간형을 친숙하게 그려내는 탁월한 솜씨가 돋보이는 소설인데요, 그 중에서 주인공 소녀 진희가 비극적으로 세상을 떠난 자신의 어머니에 대해서 어른들이 함부로 뒷말하는 것을 듣는 대목을 읽어드릴게요.

">> "누가 알아요? 언제 어떻게 될지."

"아무튼 부모 없는 애 키우느라고 작은어머니가 고생이구만."

"그러게 말예요. 정신도 성치 않은 것을."

"동생도 참, 어린것을 갖고 무슨 소리야."

"아무리 어려도 저 눈 보니까 귀신이 지키고 있는 것 같아서 어째 등 뒤가 서늘한걸요."

"귀신이라니, 쟤 에미가 얼마나 참했는데…… 전쟁통에 실성한 사람 우리가 어디 한둘 봤어? 다 멀쩡했던 사람들이지 누가 뱃속에서부터 그런 병 지니고 나왔다던가."

"그냥 실성해 죽은 것도 아니고 쟤 어미는 목을 맸잖아요. 쟤 삼촌이 제 누이 시신을 거둬다가 화장했다면서요. 저게 커서 뭐가 될지 알고…… 아무튼 나 같으면 손녀 아니라 뭐라도 께름칙해서 못 키워요."

"아이고, 그만해 동생. 작은어머니 들어오실라."

나에게도 귀와 눈이 있다는 것 따위는 전혀 생각할 필요가 없다는 듯이 그들은 할머니가 들어오실까봐 바깥 기척에만 신경을 쓰며 내 앞에서는 드러내놓고 그 얘기를 길게 늘어놓았다. 자기들의 얘기를 더욱 실감나고 흥미 있는 것으로 만들기 위해서 나라는 물증을 수시로 흘깃흘깃 두드려보고 뒤집어보고 흔들어보면서……

그때부터였을 것이다, 내가 남의 시선을 싫어하게 된 것은. 한동안은 누가 나를 쳐다보고 수군거리기만 해도 엄마 이야기라고 지레 짐작했으며 남에게 그것을 눈치채이기 싫어서 짐짓 고개를 숙여버리곤 했다. 그러나 바로 그렇게 남에게 관찰당하는 것을 싫어했기 때문에 나는 누구보다 일찍 나를 숨기는 방법을 터득했다.

누가 나를 쳐다보면 나는 먼저 나를 두 개의 나로 분리시킨다. 하나의 나는 내 안에 그대로 있고 진짜 나에게서 갈려져나간 다른 나로 하여금 내 몸 밖으로 나가 내 역할을 하게 한다.

내 몸 밖을 나간 다른 나는 남들 앞에 노출되어 마치 나인 듯 행동하고 있지만 진짜 나는 몸속에 남아서 몸 밖으로 나간 나를 바라보고 있다. 하나의 나로 하여금 그들이 보고자 하는 나로 행동하게 하고 나머지 하나의 나는 그것을 바라보는 것이다. 그때 나는 남에게 '보여지는 나'와 나 자신이 '바라보는 나'로 분리된다.

물론 그 중에서 진짜 나는 '보여지는 나'가 아니라 '바라보는 나'이다. 남의 시선으로부터 강요를 당하고 수모를 받는 것은 '보여지는 나'이므로 '바라보는' 진짜 나는 상처를 덜 받는다. 이렇게 나를 두 개로 분리시킴으로써 나는 사람들의 눈에 노출되지 않고 나 자신으로 그대로 지켜지는 것이다.

진짜의 나 아닌 다른 나를 만들어 보인다는 점에서 그것이 위선이나 가식일지도 모른다는 생각을 한 적이 있다. 꾸며 보이고 거짓으로 행동하기 때문에 나를 두 개로 분리시키는 일은 나쁜 일일지도 모른다고 생각했던 것이다. 그러나 내가 '작위'라는 말을 알게 된 뒤부터 그런 의혹은 사라졌다. 나의 분리법은 위선이 아니라 작위였으며 작위는 위선보다 훨씬 복잡한 감정이지만 엄밀한 의미에서 부도덕한 일은 아니었다.

《새의 선물》의 주인공인 열두 살 진희는 '보여지는 나'와 '바라보는 나'로

스스로를 분리하는 작위를 가지고 험난한 성장기를 버텨냅니다. 홍콩 감독 왕가위의 영화 속 주인공들은 버려지는 것이 두려워 먼저 버리기도 하지요. 〈아비정전〉 같은 영화에서는 장국영이 자신을 버린 친어머니를 찾아 필리핀까지 가고서도 친모가 자신을 만나고 싶어 하지 않는다는 사실을 알자 먼저 등을 보이고서 성큼성큼 그곳을 걸어 나오니까요.

그러니까, 상처를 덜 입기 위해 취하는 자신만의 행동이나 자세 같은 게 누구에게나 있는 법입니다. 그건 무방비 상태로 거듭 상처를 입으면서 몸으로 직접 터득하게 되는 자신만의 노하우 같은 것일 수도 있겠지요. 상처를 입은 후에도 계속 살아내야 하고, 상처를 받은 다음날도 어김없이 시작된 또 하루의 일상을 아무렇지 않은 듯 견뎌야 하니까요.

그게 의식적인 행동이든 무의식적인 버릇이든, 상처로부터 자신을 보호하려는, 당신은 당신만의 어떤 비법을 가지고 있습니까.

● 뒹구는 돌은 언제 잠 깨는가, 이성복 지음

서늘한 밥

이성복 시인의 《뒹구는 돌은 언제 잠 깨는가》의 시들을 읽어봅니다. 《뒹구는 돌은 언제 잠 깨는가》는 이성복 시인이 20대 중, 후반에 쓴 시들을 모아 1980년에 펴낸 그의 첫 시집입니다. 지금도 많은 시인들에게 영향을 주고 독자들에게 읽히고 있는 이 시집 중에서 〈밥에 대하여〉라는 시를 옮겨보겠습니다.

>> 밥에 대하여

1

어느 날 밥이 내게 말하길

《참, 아저씨나 나나……

말꼬리를 흐리며 밥이 말하길

《중요한 것은 사과 껍질

찢어 버린 편지

욕설과 하품, 그런 것도

아니고 정말 중요한 것은

氷壁을 오르기 전에

밥 먹어 두는 일.

밥아, 언제 너도 배고픈 적 있었니?

2

밥으로 떡을 만든다

밥으로 술을 만든다

밥으로 과자를 만든다

밥으로 사랑을 만든다 愛人은 못 만든다

밥으로 힘을 쏜다 힘 쓰고 나면 피로하다

밥으로 피로를 만들고 悲觀主義와 아카데미즘을 만든다

밥으로 빈대와 파렴치와 방범대원과 娼女를 만든다

밥으로 天國과 유곽과 꿈과 화장실을 만든다 피로하다 피로하다 심히

피로하다

  밥으로 苦痛을 만든다 밥으로 詩를 만든다 밥으로 철새의 날개를 만든다 밥으로 오르가즘에 오른다 밥으로 양심가책에 젖는다 밥으로 푸념과 하품을 만든다 세상은 나쁜 꿈 나쁜 꿈 나쁜

  밥은 나를 먹고 몹쓸 時代를 만들었다 밥은 나를 먹고 동정과 눈물과 能辯을 만들었다. 그러나

  밥은 希望을 만들지 못할 것이다 밥이 法이기 때문이다 밥은 國法이다 오 밥이여, 어머님 젊으실 적 얼굴이여

가만히 읽어보면 참 서늘해지는 시입니다. '밥이 법'이라는 말 속에는 밥이 그만큼 에누리 없고 엄정한 것이라는 뜻도 들어 있겠지요.

  〈밥에 대하여〉를 읽고 나니, 소설가 김훈씨가 쓴 《칼의 노래》에서 "지나간 모든 끼니는 닥쳐올 단 한 끼니 앞에서 무효였다"는 문장을 읽으면서 무거운 마음으로 고개를 끄덕였던 일이 떠오르네요. 김훈씨는 자신이 쓴 다른 수필에서 "모든 밥에는 낚시 바늘이 들어 있다"고 비유하기도 했죠. 정말이지, 밥은 일상의 발판이면서 동시에 삶의 함정일 겁니다. 삶의 모든 희망과 절망이 결국 밥에 담겨 있다고 할까요.

  당신은 오늘 어떤 밥을 대하셨습니까. 그 밥을 대하기 위해서 어떤 과정을 겪으셨습니까. 밥을 대하면서 떠오른 것은 결국 무엇이었습니까.

나의 산티아고, 혼자이면서 함께 걷는 길, 김희경 지음

여행을 권하며

스페인 산티아고의 카미노 길을 걷고 싶다는 로망을 가진 분들, 많으시지요? 김희경씨의 《나의 산티아고, 혼자이면서 함께 걷는 길》은 바로 그 800킬로미터 길을 끝없이 터벅터벅 걸어가면서 느꼈던 것들을 담담히 적어나간 인상적인 여행 에세이입니다. 꾸준하게 걸어간 여정뿐만 아니라 그곳에서 만난 수많은 사람들과의 교감, 그리고 자신에 대한 성찰도 함께 만나볼 수 있지요.

다시 혼자 걷기 시작했다. 이 날 몰리나세카까지 가는 길은 카미노 전체를 통틀어 가장 아름다웠다. 가파른 산길이지만 굴곡이 큰 산등성이마다 갖가지 색으로 피어난 꽃들 덕분에 저절로 충만해지는 기분

이었다. 높은 산에 오를 때마다 나는 정복의 쾌감 대신 스스로가 한없이 왜소하게 느껴지는 느낌이 좋았다. 산등성이마다 흐드러지게 핀 꽃들 중 나를 위해 핀 꽃이 있으랴. 사람의 존재, 세상 모든 일과 무관하게 꽃은 피고 진다. 내가 거기 있건 말건 자연은 그저 그곳에 있다는 사실, 자연의 무심함을 자각할 때마다 나는 묘한 해방감을 느꼈다. 문명의 흔적이라곤 보이지 않는 곳에서 광대무변한 허공을 배경으로 끝없이 이어지는 산줄기는 티끌처럼 작고 사라질 운명인 인간은 이해할 수도, 통제할 수도 없는 거대한 흐름을 웅변하는 것만 같았다. 눈앞에 펼쳐진 산의 나이를 가늠할 수 없듯 인간의 차원보다 훨씬 위대한 무엇이 있다는 느낌을 갖게 했다. 그 앞에서 무릎이라도 꿇고 싶은 심정이 되었다. 《

혼자 여행을 하다 보면 누구나 이런 순간을 맞게 되지요. 꼭 머나먼 이국에서의 여행이 아니더라도, 혼자 등산만 가도 이런 기분, 실감할 수 있구요. 산을 오르고 길을 걷고 숲을 통과하다 보면, 내 몸이 한없이 작게만 느껴집니다.

도시에서 빡빡한 일상을 치러낼 때는 세상 모든 것이 내 주위로 돌고 있는 것도 같습니다. 하지만 이렇게 생활에서 물러나 자연 속으로 들어가게 되면, 나 없이 온전한 우주의 무심함을 깨닫게 됩니다. 그래서 김소월 시인은 그의 시 〈산유화〉에서 "산에 피는 꽃은 저만치 혼자 피어 있네"라고 노래했겠지요.

여행이나 산책이 삶에 유익한 것은 그런 건지도 모릅니다. 내가 없어도 그 자체로 아무 부족함이 없는 세상을 상상해보는 것. 그리고 그 사실을 쓸쓸히 인정한 뒤에도, 저만치 혼자 피어 있는 꽃의 아름다움에 작은 탄성을 터뜨리는 것. 나지막하게 감탄사를 발하며 고개를 끄덕일 수 있는 기회가 이 계절에 당신에게 꼭 찾아오기를 바랍니다.

베르나르 베르베르의 상상력 사전, 베르나르 베르베르 지음

생각은 힘이 세다

《베르나르 베르베르의 상상력 사전》은 《개미》《타나토노트》《신》 등을 쓴 프랑스 소설가 베르나르 베르베르의 책입니다. 이전에 《상대적이고 절대적인 지식의 백과사전》이라는 제목으로 선보였던 책을 개정 증보한 것이지요. 말 그대로 생물학과 역사, 문학과 철학을 가로지르면서 생각할 거리를 남기는 정보나 사례들을 한데 모아놓은 흥미로운 책입니다. 그 중에서 '생각의 힘'이라는 소제목이 붙은 짤막한 이야기를 읽어보겠습니다.

>> 인간의 생각은 무슨 일이든 이루어 낼 수 있는 힘을 가지고 있다.
1950년대에 있었던 일이다. 영국의 컨테이너 운반선 한 척이 화물을

내리기 위해 스코틀랜드의 한 항구에 닻을 내렸다. 포르투갈 산産 마디라 포도주를 운반하는 배였다. 한 선원이 모든 짐이 다 부려졌는지를 확인하려고 냉동 컨테이너 안으로 들어갔다. 그때 그가 안에 있는 것을 모르는 다른 선원이 밖에서 냉동실 문을 닫아 버렸다. 안에 갇힌 선원은 있는 힘을 다해 벽을 두드렸지만 아무도 그 소리를 듣지 못했고 배는 포르투갈을 향해 다시 떠났다.

냉동실 안에 식량은 충분히 있었다. 그러나 선원은 자기가 오래 버티지 못할 것을 알고 있었다. 그래도 그는 힘을 내어 쇳조각 하나를 들고 냉동실 벽 위에 자기가 겪은 고난의 이야기를 시간별로 날짜별로 새겨 나갔다. 그는 죽음의 고통을 꼼꼼하게 기록했다. 냉기가 코와 손가락과 발가락을 꽁꽁 얼리고 몸을 마비시키는 과정을 적었고, 찬 공기에 언 부위가 견딜 수 없이 따끔거리는 상처로 변해가는 과정을 묘사했으며, 자기의 온몸이 조금씩 굳어지면서 하나의 얼음 덩어리로 변해 가는 과정을 기록했다.

배가 리스본에 닻을 내렸을 때, 냉동 컨테이너의 문을 연 선장은 죽어 있는 선원을 발견했다. 선장은 벽에 꼼꼼하게 새겨 놓은 고통의 일기를 읽었다. 그러나 정작 놀라운 것은 그게 아니었다. 선장은 컨테이너 안의 온도를 재보았다. 온도계는 섭씨 19도를 가리키고 있었다. 그곳은 화물이 들어 있지 않았기 때문에 스코틀랜드에서 돌아오는 항해 동안 냉동 장치가 내내 작동하고 있지 않았다. 그 선원은 단지 자기가 춥다고 생각했기 때문에 죽었다. 그는 자기 혼자만의 상상 때문에 죽은 것이다. 《

실제로 일어났던 이야기라는 베르베르의 설명을 믿기 힘들 만큼 놀랍지요? 정신에 영향을 미치는 육체의 힘을 알려주는 사례도 정말 많지만, 이처럼 육체를 좌지우지하는 정신의 힘을 말해주는 경우도 적지 않은 것 같습니다. 개인적으로 저는 주자朱子가 한 말인 '정신일도하사불성精神一到何事不成', 즉 정신을 고도로 집중하면 어떤 일이라도 이룰 수 있다는 말을 곧이곧대로 믿지는 않습니다. 삶에는 우리의 노력과 상관없이 여전히 도달할 수 없는 목표가 있고 어쩔 수 없는 상황이 있는 게 사실이니까요. 하지만 분명 생각은 때때로 굉장한 힘을 발휘하는 것 같습니다. 영상 19도에서 얼어 죽은 영국 선원처럼 말이지요.

생각하는 대로 살지 않으면 사는 대로 생각하게 된다는 말이 있습니다. 우리의 인생에 앞으로 어떤 즐거움과 고통이 숨어 있는지는 알 수 없지만, 사는 대로 생각하지 않고 생각하는 대로 살아야, 적어도 질질 끌려가듯 떠밀려 살지 않을 수 있겠지요. 어쨌든 우리는 우리 각자에게 주어진 1인분의 삶을, 마지막 순간까지 흘리지 말고 살아가야 하는 존재니까요.

● **나쁜 초콜릿**, 캐럴 오프 지음

쓰디쓴 단맛

캐나다의 저널리스트인 캐럴 오프가 쓴 《나쁜 초콜릿》을 펼쳐듭니다. '신의 음식'이라고 일컬어지는 카카오를 원료로 만들어진 초콜릿은 오랜 시간 동안 인류를 사로잡고 있는 가장 달콤한 음식이지만 그 뒷면에는 쓰디쓴 억압과 착취의 역사를 가지고 있기도 합니다. 이 책은 초콜릿의 원료인 카카오 생산과 국제무역의 어두운 속내를 확고한 문제의식과 뛰어난 취재력으로 철저히 파헤친 역저지요.

   그 중에서 전세계에서 카카오를 가장 많이 생산하는 아프리카 국가인 코트디부아르의 카카오 농장 농부들과 만난 저자가 자신의 착잡한 심경을 털어놓는 부분을 읽어보려고 합니다.

》　"앞으로 카카오를 기르지 못하면 어떻게 할 건가요?"

우리가 묻자 한 남자가 대답한다.

"그건 재앙이죠."

모두의 표정이 어두워진다.

"이건 우리의 생명이오."

족장 마하마드 사와다고Mahamad Sawadago는 단언한다. 그는 쉰네 살이라고 하는데 훨씬 늙어 보인다. 여기 있는 세 여자가 그의 아내들이고, 슬하에 열한 명의 자녀를 두었다고 한다.

"카카오는 여기서 어디로 가져가나요?"

앙제가 주민들에게 묻는다. 당혹스런 침묵이 흐르더니, 모두 마하마드 족장에게 고개를 돌린다. 족장은 권위가 실린 목소리로 답한다.

"산페드로 항구로 가오. 그 다음에는 유럽과 아메리카로 가지요."

"그 사람들이 카카오 열매로 뭘 하는지 아십니까?"

다시 침묵이 흐르고, 모두 마하마드 족장을 쳐다본다. 이번에는 족장도 난처해 보인다.

"모르겠소."

그는 솔직하게 대답한다. 그들이 카카오로 뭔가를 만드는 건 알겠는데, 그게 뭔지는 모르겠다는 것이다.

내가 설명했다.

"그 사람들은 초콜릿을 만듭니다. 여기서 초콜릿을 먹어본 사람이 있나요?"

한 사람이 마을 바깥에 갔을 때 한번 먹어보았는데 맛이 좋았다고 대답한다. 그 밖에는 초콜릿이 무엇인지 아는 이가 아무도 없다.

코트디부아르의 카카오 산업을 취재하는 앙제조차도, 마을 주민들이 자신이 기르는 작물에 관해 이토록 무지하다는 사실에 새삼 놀란다. 앙제는 가지고 간 수첩에서 종이를 한 장 찢어 원통 모양으로 만다. 서구 사람들은 카카오를 갈아서 거기에 엄청난 양의 설탕을 넣고 이 정도 크기의 판형 초콜릿을 만든다고 주민들에게 설명한다. 이 초콜릿은 대단히 달고 맛있으며 여기에 우유나 견과류를 넣기도 하는데, 유럽과 아메리카 아이들은 이런 걸 군것질거리로 자주 먹는다며 설명을 덧붙인다.

이어 앙제는 이런 판형 초콜릿의 가격은 500서아프리카 프랑(고정환율제로 1유로는 655.957서아프리카 프랑이다)이라고 말해준다. 도무지 믿을 수 없다는 듯 주민들의 눈동자가 커진다. 자그마한 군것질거리 하나의 가격이 그렇게 비싸다는 것이 당황스럽다. 그 정도면 큼직한 닭 한 마리나 쌀 한 자루를 거뜬히 살 수 있다. 한 아이의 사흘 치 품삯보다 더 많다. 그나마 아이들이 그 돈을 받기나 하는지 의문스럽다. 내 고국 캐나다의 아이들은 그런 판형 초콜릿을 삽시간에 먹어버린다고 말했더니 마을 아이들이 놀란 표정을 짓는다. 그들이 며칠 동안 땀 흘려 일한 것을 지구 반대편 아이들은 눈 깜박할 새에 소비하는 것이다. 하지만 이 아이들은 북미 아이들이 누리는 즐거움을 시샘하지 않는다. 서아프리카 사람들이 질투심을 드러내는 경우는 드물다.

어린아이들의 얼굴을 바라보고 있자니, 이들의 눈에 떠오른 의문을 알 것 같다. 그것은 바로 등굣길에 초콜릿을 먹는 북미 아이들과 단지 생존하기 위해 어린 시절부터 노동을 해야 하는 이곳 아이들을 가르는 어마어마한 장벽의 한계였다. 얄궂은 아이러니도 느껴진다. 내가 사는 세상에서 누리는 소소한 기쁨을 만들어내려고 힘겹게 일하는 아이들은 정작 그런 즐거움을 전혀 알지 못한다. 그 대부분은 앞으로도 결코 알지 못할 것이다. 이는 세계의 분열을, 이제는 너무나 멀어져버린 거리를 재는 잣대이기도 하다. 카카오를 따는 손과 판형 초콜릿을 집는 손은 둘 사이의 거리가 믿기 어려울 정도로 너무 멀다.

《나쁜 초콜릿》을 읽다 보면 저절로 고개를 절레절레 흔들게 됩니다. 세상에서 가장 달콤한 먹거리인 초콜릿을 생산하는 사람들이 세상에서 가장 쓰디쓴 노동 환경 중 하나에서 일하고 있다는 아이러니 때문이지요. 거의 노예에 가깝게 불법적인 강제 노동에 시달리는 어린이들의 참상에 대해서 서술하고 있는 대목에까지 이르면, 책장을 잠시 덮고 깊은 한숨을 내쉴 수밖에 없게 됩니다. 정말이지, 카카오를 따는 손과 초콜릿을 집는 손 사이의 거리는 너무나 머니까요.

그러니까 조금이라도 더 싼 제품, 좀더 맛있는 식품을 고르는 것 외에 이제 소비자들은 이제 그 제품이 어떤 경로로 생산되고 유통되어야 하는지에 대해서도 제대로 고려해야 할 겁니다. 누군가의 눈물이 뒷맛으로 남는 음식을 입에 넣으면서, 마냥 즐거워할 수는 없으니까요.

● **유혹하는 글쓰기**, 스티븐 킹 지음

읽고 쓰고 생각하고

스티븐 킹은 미국뿐만 아니라 세계적으로도 가장 대중적인 소설가들 중 한 명이지요. 데뷔작 《캐리》부터 《샤이닝》《미저리》《돌로레스 클레이본》 등 많은 작품들이 베스트셀러가 되었고 40여 편이 드라마나 영화로 옮겨지기도 했습니다. 《유혹하는 글쓰기》는 좋은 글을 쓰려면 어떻게 해야 하는지에 대한 스티븐 킹의 조언을 담은 책입니다. 무엇보다 자신의 삶과 작업 방식, 경험에 대해 이야기하는 대목들이 흥미진진하지요. 그 중에서 제임스 조이스와 앤터니 트롤로프의 일화에 대해 적어 놓은 부분을 소개해드릴게요.

》》 '많이 읽고 많이 써라'는 말이 우리의 지상 명령이라면—그것은

틀림없는 사실이다―도대체 얼마나 써야 많이 썼다고 할 수 있을까? 물론 사람마다 다를 수밖에 없다. 이 문제와 관련하여 내가 좋아하는 일화 중에는―사실이라기보다 전설에 가깝겠지만―제임스 조이스에 대한 이야기도 있다. 어느 날 친구가 찾아가보니 이 위대한 작가는 몹시 절망한 자세로 책상 위에 엎드려 있었다고 한다.

친구가 물었다.

"제임스, 도대체 왜 그러나? 일 때문인가?"

조이스는 고개를 들어 친구를 처다보지도 않고 그렇다는 표시만 했다. 물론 일 때문이었다. 언제나 일이 문제가 아니던가?

친구가 다시 물었다.

"오늘은 몇 단어를 썼는데?"

조이스가 (여전히 절망한 자세로, 여전히 책상 위에 엎드린 채) 대답했다.

"일곱 개."

"일곱 개라고? 하지만 제임스…. 그 정도면 괜찮은 편이잖아! 적어도 자네에겐 말일세."

그러자 조이스는 마침내 고개를 들면서 이렇게 말했다.

"그래, 아마 그렇겠지…. 그런데 그것들을 어떤 '순서'로 써야 좋을지 모르겠단 말야!"

그런 반면에 앤터니 트롤로프Anthony Trollope(1815~1882, 영국 소설가―옮긴이) 같은 작가도 있다. 그는 엄청난 대작들을 썼다. 그것도 놀랍도록 규칙적으로 줄기차게 뽑아냈다. 낮 동안에는 우체국 직원으로 일하면서 (영국 전역에서 볼 수 있는 빨간 우체통도 앤터니 트롤로프가 발명했다)

아침마다 출근 전에 2시간 30분씩 글을 썼다. 그것은 매우 엄격한 규칙이었다. 2시간 30분이 지났을 때 어떤 문장을 쓰는 도중이었더라도 거기서 중단하고 이튿날 아침까지 기다렸다. 그리고 600페이지에 달하는 대작을 드디어 완성했는데 아직 15분이 남은 경우에는 원고에 '끝'이라고 쓰고 옆으로 밀어놓은 후, 다음 책을 쓰기 시작했다.

정말이지, 극에서 극이죠? 똑같이 소설을 쓰는 직업을 가진 사람들인데, 제임스 조이스와 앤터니 트롤로프, 이 두 사람은 어쩌면 이렇게까지 작업 스타일이 다른지 모르겠어요.

소설가나 시인은 아니지만 저 역시 글을 쓰는 직업을 갖고 있다 보니 종종 묻는 분들이 있습니다. 어떻게 하면 글을 잘 쓸 수 있냐구요. 글쎄요. 글을 쓰는 게 직업인 사람이라고 그 방법을 알 수 있겠습니까. 여기에는 타고난 재능의 문제도 분명히 있을 테구요. 그래도 계속 물으신다면, 저 역시 스티븐 킹처럼 말할 수밖에 없을 것 같습니다. 송나라 문인 구양수도 그렇게 말했죠? 다독多讀 다작多作 다상량多商量. 무조건 많이 읽고 많이 쓰고 많이 생각하는 게 최고입니다.

글을 잘 쓰게 되는 왕도 같은 것은 없습니다. 필살기 같은 것도 없구요. 제임스 조이스 같은 20세기 최고의 문호조차 일곱 단어를 끙끙대고 쓰는데, 어떻게 몇 번 쓰지도 않은 채 우리가 일필휘지로 명문을 뽑아내겠어요. 결국 모든 능력은 타고난 재능의 문제를 제외하고 말한다면, 거기에 들인 시간과 노력의 축적량이 만들어내는 것일 겁니다. 하긴, 글쓰기뿐만 아니라, 세상 모든 일이 다 그렇겠지만요.

● **세상의 바보들에게 웃으면서 화내는 방법**, 움베르토 에코 지음

어떻게 지내세요?

기호학자이자 미학자, 역사학자이기도 한 소설가 움베르토 에코의 《세상의 바보들에게 웃으면서 화내는 방법》을 읽어봅니다. 움베르토 에코 특유의 유머와 재치가 잘 살아 있는 칼럼들을 모은 책이지요. 그 중에서 〈'어떻게 지내십니까'라는 질문에 대답하는 방법〉이란 제목의 글 일부분을 읽어보겠습니다. 누군가와 마주칠 때 가장 많이 받는 질문이 "어떻게 지내십니까" 혹은 "잘 지내시죠?"겠지요. 만일 역사 속의 위인이나 유명한 이야기 속 주인공들이 그런 질문을 받게 된다면 과연 어떻게 대답할지에 대해 움베르토 에코는 그 인물의 핵심 성격을 끌어내 패러디하면서 이와 같이 유머러스하게 정리하고 있습니다.

>> 　　　이카루스 : 한바탕 곤두박질을 치고 난 기분입니다.

오이디푸스 : 질문이 복합적이군요.

피타고라스 : 만사가 직각처럼 반듯합니다.

히포크라테스 : 뭐니뭐니해도 건강한 게 최고지요.

소크라테스 : 모르겠소.

디오게네스 : 개 같은 삶이외다.

플라톤 : 이상적으로 지냅니다.

아리스토텔레스 : 삶의 틀이 잘 잡혀 있지요.

단테 : 천국에 온 기분입니다.

잔 다르크 : 아, 너무 뜨거워요!

노스트라다무스 : 언제 말입니까?

데카르트 : 잘 지냅니다. 나는 그렇게 생각합니다.

파스칼 : 늘 생각이 많습니다.

갈릴레이 : 잘 돌아갑니다.

비발디 : 계절에 따라 다르지요.

셰익스피어 : 당신 마음대로 생각하세요.

로베스피에르 : 정신차려요, 목 잘리기 전에.

카사노바 : 모든 쾌락이 다 나를 위한 것이지요.

칸트 : 비판적인 질문이군요.

마르크스 : 내일은 더 잘 지내게 될 거요.

다윈 : 사람은 적응하게 마련이지요.

카프카 : 벌레가 된 기분입니다.

드라큘라 : 피 봤습니다.

비트겐슈타인 : 그것에 대해서는 말하지 않는 게 낫겠군요.

갤럽 : 깊이를 헤아릴 수 없는 질문이군요.

프로이트 : 당신은요?

카뮈 : 부조리한 질문이군요.

애거서 크리스티 : 맞춰 보세요.

아인슈타인 : 상대적으로 잘 지냅니다.

엘리어트 : 내 마음은 황무지입니다.

마지막으로 등장한 레오나르도 다빈치, 그는 같은 질문에 그저 뜻이 분명치 않는 묘한 미소를 지을 뿐이다.

정말 단 한마디의 대답에도 그 인물의 특성이 고스란히 담겨 있네요. 요즘 제가 저 질문을 받는다면 뭐라고 대답할지도 잠시 생각해봤는데요, 아마도 ('그럼에도 불구하고'라는 말을 습관처럼 자주 사용하기에) "그럼에도 불구하고 잘 지내요"라고 답하거나, (이동진이라는 이름 때문에 '움직이는 청바지'라는 별명으로 불리기에) "청바지가 자꾸 움직이는 통에 정신없어요"라고 답해야 하지 않을까 싶기도 하군요. 2NE1 멤버들이라면 "요즘 내가 제일 잘나가요"라고 답할지도 모르구요. 그렇다면 당신은 자신의 정체성과 핵심을 담아 말해야 할 때 이 질문에 대해서 어떻게 짧게 대답하실까요. 요즘, 어떻게 지내십니까.

큰 물고기, 다니엘 월러스 지음

이야기가 된 삶

《큰 물고기》는 미국 작가 다니엘 월러스의 첫 소설입니다. 팀 버튼이 감독한 영화 〈빅 피쉬〉(2003)의 원작으로도 많이 알려져 있죠. 이 책은 임종 전의 아버지로부터 그때까지 살아온 얘기를 들으며 아들이 아버지의 삶에 다가가게 되는 과정을 다룬 소설입니다. 판타지와 현실을 오가는 믿기 힘든 이야기 속에서 스스로가 용감한 전쟁영웅이었고 뛰어난 스포츠맨이었으며 다감한 로맨티스트였다고 회고하는 아버지의 모습을 보며 처음에 아들은 그저 허풍이라고 생각합니다. 하지만 결국 허구와 사실의 경계를 넘어서는 곳에 놓여 있는 아버지의 진실을 이해하게 되지요. 그 중에서 프롤로그의 일부분을 읽어보겠습니다.

>> 아버지의 생이 다해갈 무렵, 나는 아버지와 함께 마지막으로 자동차 여행을 했다. 어떤 강가에 차를 세워놓고 강둑을 따라 걷다가 우리는 늙은 떡갈나무 그늘 아래에 나란히 앉았다.

얼마쯤 지나자 아버지는 신발과 양말을 벗고는 맑은 물속에 발을 담갔다. 그리고 물속에 잠긴 발을 한참 동안 물끄러미 내려다보다가는 눈을 감고 잔잔한 미소를 지었다. 나는 아버지가 그렇게 미소 짓는 것을 한동안 본 적이 없었다.

그러더니 아버지는 갑자기 깊은 한숨을 내쉬고는 말했다.

"이걸 보니 생각나는 것이 있구나."

(중략)

"내 어렸을 적 생각이 난다."

아버지가 말했다.

나는 이 노인을 바라보았다. 생이 저물어가고 있는 시간에 늙고 하얀 발을 흐르는 맑은 물에 담고 있는 나의 늙은 아버지. 나는 불현듯 그리고 아주 단순하게, 한때 소년이었던, 어린애였던, 그리고 젊은 청년이었던 나의 아버지를 생각해보았다. 내 청춘과 마찬가지로 아버지도 한때 청년이었던 것을. 나는 한 번도 아버지를 그렇게 생각해 본 적이 없었다. 그리고 그 이미지들—아버지의 현재와 과거—은 모두 하나로 합쳐졌다. 그러자 순간, 아버지는 젊으면서도 늙은, 죽어가고 있으면서도 동시에 새로 태어나고 있는 아주 기괴한 존재로 변했다.

나의 아버지는 하나의 신화가 되었다.

비틀스의 고향인 영국 리버풀을 여행한 적이 있습니다. 그곳엔 전세계에서 유일한 비틀스 공식 박물관이 있지요. 그들의 익숙한 히트곡들이 흐르는 가운데 희귀하고도 흥미로운 각종 전시물들을 훑어보는 것은 정말 즐거운 일이었습니다. 그런데 관람을 마치고 박물관 바깥으로 향하는 계단을 오르다가, 이 박물관의 이름이 '비틀스 스토리', 즉 비틀스 이야기였다는 것을 떠올리자 새삼스레 온몸이 찌릿해졌습니다.

다니엘 월러스의 소설 《큰 물고기》에서 죽음을 눈앞에 둔 아버지는 아들에게 바로 이렇게 말하지요. "누군가가 한 이야기를 기억해준다면, 그는 영원히 죽지 않는 거란다. 그걸 알고 있니?" 추억이라는 것조차 결국은 이야기겠지요. 흘러간 모든 것은 이야기가 됩니다. 그리고 누군가가 하나의 삶을 마치면 한 편의 이야기가 남습니다.

바쁘게 일상을 보내다가도 문득문득 얼마 전 돌아가신 아버지가 떠오르곤 합니다. 그러면 코끝이 시큰해지기도 하지만, 아버지라는 이야기가 여전히 내게 남아 있다는 사실만큼은 위로가 되었습니다. 《큰 물고기》를 스크린에 옮긴 〈빅 피쉬〉는 이런 내레이션으로 끝나죠. "그 자신이 이야기가 되어버린 한 남자가 있다. 그는 이야기로 남아서 불멸하게 되었다."

결국 삶은 이야기입니다. 삶은 떠나도 이야기는 남습니다. 어쩌면 그것이 삶에 외경심을 가져야 할 진정한 이유인지도 모릅니다. 당신은 요즈음 스스로가 주인공인 이야기를 어떻게 쓰고 계십니까.

무진기행, 김승옥 지음

서울 2012년 겨울

김승옥 소설전집 중 《무진기행》에서 또다른 단편소설 〈서울 1964년 겨울〉을 읽어봅니다. 한국 문학사에서 감수성의 혁명을 일으켰다고 평가받고 있는 김승옥씨의 대표적 소설들 중 하나인 이 작품은 1964년 어느 겨울날, 술집에서 우연히 만나게 된 세 남자의 이야기를 다룬 짧은 소설입니다. 여기에는 전망을 상실한 자의 내면에 고여 있는 쓸쓸함 같은 것이 잔뜩 담겨 있지요. 우선 주인공과 한 청년이 서로 인사를 나누고 이야기를 시작하는 도입부는 다음과 같습니다.

>>   1964년 겨울을 서울에서 지냈던 사람이라면 누구나 알 수 있겠지만, 밤이 되면 거리에 나타나는 선술집—오뎅과 군참새와 세 가지 종류의 술등을 팔고 있고, 얼어붙은 거리를 휩쓸며 부는 차가운 바람이 펄럭거리게 하는 포장을 들치고 안으로 들어서게 되어 있고, 그 안에 들어서면 카바이트 불의 길쭉한 불꽃이 바람에 흔들리고 있고, 염색한 군용 잠바를 입고 있는 중년 사내가 술을 따르고 안주를 구워주고 있는 그러한 선술집에서, 그날 밤, 우리 세 사람은 우연히 만났다. 우리 세 사람이란 나와 도수 높은 안경을 쓴 안安이라는 대학원 학생과 정체는 알 수 없지만 요컨대 가난뱅이라는 것만은 분명하여 그의 정체를 알고 싶다는 생각은 조금도 나지 않는 서른대여섯 살짜리 사내를 말한다.

먼저 말을 주고받게 된 것은 나와 대학원생이었는데, 뭐 그렇고 그런 자기 소개가 끝났을 때는 나는 그가 안씨라는 성을 가진 스물다섯 살짜리 대한민국 청년, 대학 구경을 해보지 못한 나로서는 상상이 되지 않는 전공을 가진 대학원생, 부잣집 장남이라는 걸 알았고, 그는 내가 스물다섯 살짜리 시골 출신, 고등학교는 나오고 육군사관학교를 지원했다가 실패하고 나서 군대에 갔다가 임질에 한 번 걸려본 적이 있고 지금은 구청 병사계兵事係에서 일하고 있다는 것을 아마 알았을 것이다.

자기 소개들은 끝났지만 그러고 나서는 서로 할 얘기가 없었다. 잠시 동안은 조용히 술만 마셨는데 나는 새카맣게 구워진 군참새를 집을 때 할말이 생겼기 때문에 마음속으로 군참새에게 감사하고 나서 얘기를 시작했다.

"안형, 파리를 사랑하십니까?"

"아니오, 아직까진……" 그가 말했다. "김형은 파리를 사랑하세요?"

"예"라고 나는 대답했다. "날 수 있으니까요. 아닙니다. 날 수 있는 것으로서 동시에 내 손에 붙잡힐 수 있는 것이니까요. 날 수 있는 것으로서 손 안에 잡아본 적이 있으세요?"

"가만 계셔보세요." 그는 안경 속에서 나를 멀거니 바라보며 잠시 동안 표정을 꼼지락거리고 있었다. 그리고 말했다. "없어요. 나도 파리밖에는……"

이 소설에서 그들에게는 이렇다 할 멋진 일들이 일어나지 않습니다. 오히려 힘 빠지는 대화와 정처 없는 방황 끝에 비극적인 일과 마주치지요. 하지만 소설의 맨 끝에서 안이라는 청년과 헤어지며 주인공은 이렇게 말합니다. "우린 이제 겨우 스물다섯 살입니다."

기타노 다케시의 영화 〈키즈 리턴〉의 마지막 장면에서, 결국 실패를 경험하게 된 두 청년은 오랜만에 모교 운동장에서 함께 자전거를 탑니다. 그때 한 친구가 말합니다. "우린 이제 끝난 걸까." 그러자 다른 친구가 대답합니다. "이 바보야, 우리는 아직 시작도 하지 않았잖아."

이 계절에 당신은 어떤 이야기들을 나누고 있나요. 누군가와 포장마차에서 술 한잔 기울이고 계신가요. 당신도 파리를 사랑하나요. 날개가 달린 것 중에서 손에 쥐어볼 수 있는 것은 정말 파리밖에 없다고 느끼고 있나요. 우리는 이제 겨우 스물다섯입니다. 우리는 이제 겨우 서른일곱입니다. 우리는 이제 겨우 마흔아홉입니다. 그리고 지금은, 불안하지만 생생한 2012년 겨울입니다.

/ 인용 도서 목록 /

1Q84, 무라카미 하루키 지음, 양윤옥 옮김, 문학동네
가짜 논리, 줄리언 바지니 지음, 강수정 옮김, 한겨레출판
갈팡질팡하다가 내 이럴 줄 알았지, 이기호 지음, 문학동네
건지 감자껍질파이 북클럽, 메리 앤 섀퍼·애니 배로스 지음, 신선해 옮김, 이덴슬리벨
그리스인 조르바, 니코스 카잔차키스 지음, 이윤기 옮김, 열린책들
기타노 다케시의 생각 노트, 기타노 다케시 지음, 권남희 옮김, 북스코프
길에서 어렴풋이 꿈을 꾸다, 이동진 지음, 예담
꿈꾸는 뇌의 비밀, 안드레아 록 지음, 윤상운 옮김, 지식의숲
나쁜 초콜릿, 캐럴 오프 지음, 배현 옮김, 알마
나의 산티아고, 혼자이면서 함께 걷는 길, 김희경 지음, 푸른숲
낭만적인 고고학 산책, C. W. 체람 지음, 김해생 옮김, 21세기북스
낯선 여름, 구효서 지음, 중앙일보사
노란 불빛의 서점, 루이스 버즈비 지음, 정신아 옮김, 문학동네
논쟁이 있는 사진의 역사, 다니엘 지라르댕·크리스티앙 피르케르 지음, 정진국 옮김, 미메시스
뒹구는 돌은 언제 잠 깨는가, 이성복 지음, 문학과지성사
라쇼몽, 아쿠타가와 류노스케 지음, 김영식 옮김, 문예출판사
만들어진 승리자들, 볼프 슈나이더 지음, 박종대 옮김, 을유문화사
명배우의 연기 수업, 마이클 케인 지음, 송혜숙 옮김, 지안
무지의 사전, 카트린 파지크·알렉스 숄츠 지음, 태경섭 옮김, 살림
무진기행, 김승옥 지음, 문학동네
물고기 마음, 루시드 폴 지음, 안테나북
미술시간에 가르쳐주지 않는 예술가들의 사생활, 엘리자베스 런데이 지음, 최재경 옮김, 에버리치홀딩스
미스터 모노레일, 김중혁 지음, 문학동네
밤으로의 여행, 크리스토퍼 듀드니 지음, 연진희·채세진 옮김, 예원미디어
밤은 노래한다, 김연수 지음, 문학과지성사

밤의 문화사, 로저 에커치 지음, 조한욱 옮김, 돌베개
배꼽티를 입은 문화, 찰스 패너티 지음, 김대웅 옮김, 자작나무
백야 외, 표도르 도스또예프스끼 지음, 석영중 외 옮김, 열린책들
베르나르 베르베르의 상상력 사전, 베르나르 베르베르 지음, 이세욱·임호경 옮김, 열린책들
블링크, 말콤 글래드웰 지음, 이무열 옮김, 21세기북스
새의 선물, 은희경 지음, 문학동네
생의 이면, 이승우 지음, 문이당
설계자들, 김언수 지음, 문학동네
세계를 매혹시킨 반항아 말론 브랜도, 패트리샤 보스위스 지음, 정영목·고명섭 옮김, 푸른숲
세상의 바보들에게 웃으면서 화내는 방법, 움베르토 에코 지음, 이세욱 옮김, 열린책들
세운상가 키드의 사랑, 유하 지음, 문학과지성사
세월, 마이클 커닝햄 지음, 정명진 옮김, 생각의나무
시간, 칼하인츠 A. 가이슬러 지음, 박계수 옮김, 석필
시간의 역사, 스티븐 호킹 지음, 김동광 옮김, 까치
식물탄생신화, 홀거 룬트 지음, 장혜경 옮김, 예담
신의 궤도, 배명훈 지음, 문학동네
싱글맨, 크리스토퍼 이셔우드 지음, 조동섭 옮김, 그책
아주 보통의 연애, 백영옥 지음, 문학동네
안경의 에로티시즘, 프랑크 에브라르 지음, 백선희 옮김, 마음산책
암컷은 언제나 옳다, 브리짓 스터치버리 지음, 정해영 옮김, 이순
어느 철학자가 보낸 편지, 미키 기요시 지음, 이종철 옮김, 사회평론
어디선가 나를 찾는 전화벨이 울리고, 신경숙 지음, 문학동네
에브리맨, 필립 로스 지음, 정영목 옮김, 문학동네
왜 버스는 세 대씩 몰려다닐까, 리처드 로빈스 지음, 신현승 옮김, 한겨레출판
왜 우리는 끊임없이 거짓말을 할까, 위르겐 슈미더 지음, 장혜경 옮김, 웅진지식하우스
우리는 사랑일까, 알랭 드 보통 지음, 공경희 옮김, 은행나무
위대한 환자와 위험한 의사들, 외르크 치틀라우 지음, 박규호 옮김, 뜨인돌
유혹하는 글쓰기, 스티븐 킹 지음, 김진준 옮김, 김영사
인간 속의 악마, 장 디디에 뱅상 지음, 류복렬 옮김, 푸른숲
잃어버린 시간을 찾아서, 마르셀 프루스트 지음, 김창석 옮김, 국일미디어
장인, 리처드 세넷 지음, 김홍식 옮김, 21세기북스
전을 범하다, 이정원 지음, 웅진지식하우스
정재승의 과학 콘서트, 정재승 지음, 어크로스

제목은 뭐로 하지?, 앙드레 버나드 지음, 최재봉 옮김, 모멘토
제5도살장, 커트 보네거트 지음, 박웅희 옮김, 아이필드
종교 다시 읽기, 한국종교연구회 지음, 청년사
짜장면, 안도현 지음, 열림원
쳇 베이커, 제임스 개빈 지음, 김현준 옮김, 을유문화사
총, 균, 쇠, 재레드 다이아몬드 지음, 김진준 옮김, 문학사상사
칼의 노래, 김훈 지음, 문학동네
큰 물고기, 다니엘 월러스 지음, 장영희 옮김, 동아시아
클라시커 50 커플, 바르바라 지히터만 지음, 박의춘 옮김, 해냄
타르코프스키의 순교일기, 안드레이 타르코프스키 지음, 김창우 옮김, 두레
피의 문화사, 구드룬 슈리 지음, 장혜경 옮김, 이마고
하찮은 인간, 호모 라피엔스, 존 그레이 지음, 김승진 옮김, 이후
한 말씀만 하소서, 박완서 지음, 세계사
한눈에 읽는 현대철학, 남경태 지음, 황소걸음
행복의 지도, 에릭 와이너 지음, 김승욱 옮김, 웅진지식하우스
헐리웃 문화혁명, 피터 비스킨드 지음, 박성학 옮김, 시각과언어
혼불, 최명희 지음, 매안
회의주의자 사전, 로버트 T. 캐롤 지음, 한기찬 옮김, 잎파랑

밤은 책이다

초판 1쇄 발행 2011년 12월 20일 **초판 22쇄 발행** 2025년 2월 17일

지은이 이동진
펴낸이 최순영

출판1 본부장 한수미
라이프 팀장 곽지희
디자인 김준영

펴낸곳 ㈜위즈덤하우스 **출판등록** 2000년 5월 23일 제13-1071호
주소 서울특별시 마포구 양화로 19 합정오피스빌딩 17층
전화 02) 2179-5600 **홈페이지** www.wisdomhouse.co.kr

ⓒ 이동진, 2011

ISBN 978-89-5913-659-9 03810

* 이 책의 전부 또는 일부 내용을 재사용하려면 반드시 사전에 저작권자와 ㈜위즈덤하우스의 동의를 받아야 합니다.
* 인쇄·제작 및 유통상의 파본 도서는 구입하신 서점에서 바꿔드립니다.
* 책값은 뒤표지에 있습니다.